大学生诚信文化
理论与实践（修订版）

DAXUESHENG CHENGXIN WENHUA
LILUN YU SHIJIAN （XIUDINGBAN）

陈云涛 凌云志 等 编著

浙江工商大学出版社 ZHEJIANG GONGSHANG UNIVERSITY PRESS | 杭州

图书在版编目(CIP)数据

大学生诚信文化理论与实践(修订版) / 陈云涛，凌云志等编著. —杭州：浙江工商大学出版社，2019.8(2022.7 重印)

ISBN 978-7-5178-3425-0

Ⅰ. ①大… Ⅱ. ①陈… ②凌… Ⅲ. ①大学生－社会公德教育 Ⅳ. ①G641.6

中国版本图书馆 CIP 数据核字(2019)第 175432 号

大学生诚信文化理论与实践(修订版)

DAXUESHENG CHENGXIN WENHUA LILUN YU SHIJIAN (XIUDINGBAN)

陈云涛　凌云志　等　编著

责任编辑	吴岳婷
封面设计	林朦朦
责任校对	黄晓棣
出版发行	浙江工商大学出版社
	(杭州市教工路 198 号　邮政编码 310012)
	(E-mail：zjgsupress@163.com)
	(网址：http://www.zjgsupress.com)
	电话：0571 - 88904980,88831806(传真)
排　版	杭州朝曦图文设计有限公司
印　刷	浙江全能工艺美术印刷有限公司
开　本	787mm×1092mm　1/16
印　张	10
字　数	222 千
版 印 次	2019 年 8 月第 1 版　2022 年 7 月第 4 次印刷
书　号	ISBN 978-7-5178-3425-0
定　价	32.00 元

编 委 会

诚信是社会最普遍也是最基本的伦理规范。

作为文明古国,中国对诚信价值的守护和追求始终坚定而不懈。特别是本世纪以来,党和政府对诚信建设做出了一系列重要部署,提出以"诚实守信为重点"加强道德建设,不断增强全社会的信用意识,相继出台《社会信用体系建设规划纲要(2014—2020 年)》《关于推进诚信建设制度化的意见》《国务院办公厅关于加强个人诚信体系建设的指导意见》等,诚信在上层建筑层面的构筑日益坚固。

党的十八大对诚信建设提出了崭新的要求,即"倡导富强、民主、文明、和谐,倡导自由、平等、公正、法治,倡导爱国、敬业、诚信、友善,积极培育和践行社会主义核心价值观",第一次将诚信纳入社会主义核心价值观体系,诚信成为社会主义核心价值体系建设的重要内容。党的十九大报告指出,"推进诚信建设和志愿服务制度化,强化社会责任意识、规则意识、奉献意识"。

当今社会,随着交换关系的日趋复杂和科学技术的飞跃发展,市场主体对诚信的需求也日趋强烈和深沉。不仅经济活动需要诚信,政治活动、精神文化活动等一切社会领域活动也需要诚信。诚信作为道德的根基,不仅是一种个人的美德和品质,而且是一种社会的公共原则和规范;不仅是一种内在的精神和价值,而且是一种外在的声誉和资源。就个人而言,诚信是高尚的人格力量;就企业而言,诚信是宝贵的无形资产;就社会而言,诚信是和谐的重要基石;就国家而言,诚信是良好的国际形象。人无信不立,家无信不睦,业无信不兴,国无信不宁。

由此出发,诚信文化的建设便顺理成章的成为现实重任,更是学校教育与校园文化必须坚守的基石。历史告诉我们,任何文化的传承都建立在既有载体的基础之上,任何文化的光大都离不开一代又一代人的思考启迪和价值弘扬。诚信文化的内容涉及生产劳动、物质文化、社会关系、日常生活、意识形态、礼仪习俗等各个方面，不仅从物质层面和精神层面反映了传统文化所倡导的人际和谐的价值取向，而且对时下抵御外物诱惑、重振道德良知仍能起到砥柱中流的作用。当今社会物质相对丰裕，而信仰迷茫也伴之而来，道德约束力下降导致诚信危机。因而以诚信为中心探讨其理论核心的演变线索以及对其思想本质的承传与创新，从学理层面、历史层面来探索诚信文化在中国传统文化中的发展历程，阐发其所蕴含的伦理价值体系的丰厚内涵，鉴古以知今，弘扬其精华，阐发其与时俱进且具有永恒生命力的人文精神，这不仅是我国社会经济发展迈向现代化和进一步完善精神文明建设的客观需要，而且对维护社会的安定有序和不同文化的共存互补、平等发展也有不可忽视和不容低估的巨大作用。

文化不是对流逝时间与悠长过往的再现，而是要提供一种精神的秩序，为过往赋予意义，为当下确定坐标，为未来勾勒方向。以诚信文化为中心的大学生素质养成教育，不仅要善于继承和弘扬中华优秀传统文化精华，更要发掘历史文化与外来文化的价值理念和道德规范，坚持古为今用、洋为中用、推陈出新。当然，诚信的养成不是自然而然的过程，只有通过坚持不懈、持之以恒的教育和自我教育才能化作自觉的行动。

本书紧紧围绕大学生诚信文化建设，围绕诚信作为道德规范具有的稳定性、可识别性、可实践性，以及在科学认知、精神信仰和审美艺术等各个领域中都具有的价值源点，系统地阐述了诚信的道德本质和道德功能，详细分析了诚信的内涵与外延，精选了有关诚信的经典故事、名人名言，并佐以浙江金融职业学院等高校诚信文化建设的实例，关注对大学生诚信教育的引导，旁征博引，内容十分丰富。全书分为三大部分，每部分体现出不一样的风格，力求用形象的语言、鲜活的事例来代替单纯、抽象的说教，寓教于乐、寓教于思，使诚信教育真正入耳、入脑、入心。我们编写此书，旨在对我国高等院校正在开展的社会主义核心价值观教育，正在推进的诚信文化建设能有所裨益；同时，结合职业特点和行业的特殊要求，期望对经济类院校的诚信教育提供一些有针对性的帮助。

本书在 2014 年第二版的基础上修订完成，由浙江金融职业学院陈云涛教授制定纲目并组织编写。其中，上篇第 1—3 章由李杰撰写、修订；中篇第 4—7 章由叶丛丛编写、修订；下篇第 8 章由王懂礼、吴德银、鲁明川撰写，由吴德银、鲁明川修订；第 9 章由陈云涛、王剑、乔梦虎、陈书彬合作撰写，由凌云志修订。陈云涛负责统稿，凌云志对全书做了文字校改。

本书的编写和修订受益于诸多诚信文化研究者的精辟思想，无法在参考文献中一一注明出处，在此深表谢意和歉意。我们通过几个月的辛苦努力修订完成此书，既是为大学生的诚信教育奉献绵薄之力，也是与广大读者分享我们对诚信问题的探索和思考。由于力量有限、学识尚浅，本书还存在诸多不尽如人意之处，恳请专家学者和广大读者批评指正。

编　者

2019 年 3 月

CONTENTS 目 录

Daxuesheng Chengxin Wenhua
Lilun yu Shijian

义理之间：诚信论

诚信作为中华民族的传统美德，在中国传统文化中占有重要地位。从为人处世的视角看，诚信强调"人无信不立"；从政府信用的视角看，强调"取信于民"；从人际交往关系看，强调"与朋友交言而有信"；从经济活动看，强调"诚信为本"。现代语境下，诚信是社会主义市场经济的基本要求，体现了公民和法人之间的一种契约精神、理性精神和公正公平精神。

重要内容,认为诚信就是至善,就是符合社会正义的行为,一个人只有至善才能快乐。古罗马法归纳出三条基本伦理精神,即第一是做诚实的人,第二是不要伤害别人,第三是每个人得到应得的东西。诚信原则从古罗马法开始在法律中具有重要的地位和作用,被认为是一种"帝王规则"。德谟克利特的伦理学说可以分为至善说和美德说,他认为人只有保持美德,包括诚信,才能保持灵魂的安宁,灵魂安宁"是人生活的基本目的和动因"①。亚里士多德认为人类一切活动所追求的最后目的是所有目的都必须服从的最高目的,而这一目的就是至善,"至善就是幸福,就是极乐"②。极乐就是善的活动中符合最好的德性的活动,道德高尚的行为本身就是最大的快乐。他把道德和德性分为十种,其中就有诚实。伊壁鸠鲁认为人应该获得内心安宁和平静的幸福。他还提出了契约思想,认为人不该做违背至善的事情,否则难以获得心灵安宁,会受到惩罚。卢梭在《论人类不平等的起源和基础》一书中论述了人类社会发展过程中存在的一系列问题,并在《社会契约论》中合理建构了人类社会从自然状态向社会状态过渡的最合理形式,要求人们在任何时候都不要对任何人做恶事,要求人们的行为要真诚、实在,符合自己的良心。长期契约经济的发展影响了西方人生活的众多方面。西方文化中的诚信强调个体诚实的品质,要求个体对事件、信息做完全和真实的披露;此外还有信守承诺的意思,要求契约关系的当事人信守承诺。

通过对西方诚信概念的理解,可以把西方历史上的诚信思想梳理成以下几方面:

1. 西方诚信思想派生于"自私的人性论"

西方伦理思想中关于人性的争论比较复杂,他们一般不直接谈论人性的善恶问题,而是讨论人性中的利己和利他的关系问题。一般看来,近代西方思想家大多认为人性是自私的、是利己的,为了约束个人的这种自私、利己的天性,就需要契约、社会组织和个人品德。霍布斯认为:"任何人的欲望的对象就他本人来说,他全都称为善,而憎恶或嫌弃的对象则称为恶。"③在他看来,最大的善是保存生命,最大的恶则是死亡。由此,霍布斯得出一个重要的结论:自我保存是人的普遍的绝对本性,是人类活动的根本法则,利己主义是一切行为的唯一准绳。斯宾诺莎从考察人的本性出发,把爱人、利己说成是人的本性,并且提高到"普遍规律""永恒发展"的高度。休谟也认为,人性是自私的,并由此得出结论:原始的人性中并不是没有道德动机,人们只是出于利己的动机,鉴定并遵守着各种社会契约罢了。由此可见,西方关于人性的认识是以人的自私为其本性的,西方文化中的诚信观念是派生的,是第二性的。

2. 西方诚信思想的核心是契约精神

西方诚信思想的一个重要特征,就是它始终与契约观念联系在一起,这一点从西方诚信理念产生的历史背景中就表现得非常明显。在西方,血缘关系在古希腊城邦制度中已经解体:希

---

①　转引自[苏]A.古谢伊诺夫、P.伊尔利特茨:《西方伦理学简史》,刘献洲等译,中国人民大学出版社1992年版,第22页。

②　田海平:《西方伦理精神》,东南大学出版社1998年版,第112页。

③　转引自郝晓敏:《诚信内涵解析》,载《经济师》2006年第4期,第25页。

腊人很早就跨海迁移,原有的血缘关系被打乱了。在这种背景下,人们的交往就更需要外在的强制约束来规范其行为。到了近代的西欧,社会契约思想不断发展,西方诚信观念也日益确立。社会契约论的先行者格劳秀斯就指出:守约是人的本性,人们订立契约就产生民法,"有约必践、有害必偿、有罪必罚"。在这里,诚信实际上成为自然法的一个基本原则,即人类必须履行诺言和契约。英国哲学家霍布斯也谈道:"守约为正义之源,无契约即无所谓正义,有约而背约即为不义。"这里契约就定下了正义与非正义的标准。其后,资产阶级思想家洛克不仅从正面阐述了守信履约的问题,还从问题的反面进行了思考:如果按照契约受人民信托而存在的统治集团背信弃义,人民可以通过革命将其推翻。这里社会契约思想一方面成为一种国家学说,另一方面也成为构建市场经济组织秩序的一种方式。

3.西方的诚信思想更多体现于经济伦理

由于商品经济发育较早,西方人把合同当作立身处世的基本方式。中国传统文化把诚信的约束力置于人们的道德生活领域,而西方人则把诚信的约束力置于商业文明的形成过程中。从古代西方伦理思想的奠基人亚里士多德到近代古典政治经济学家亚当·斯密以及现代著名的社会学家马克斯·韦伯等,都提出过关于经济活动、经济运行中的信用问题。对西方近代资本主义的形成和发展起着"至关重要和决定性的影响"的新教伦理,也要求清教徒把诚实守信作为市场交易活动的一条重要准则。马克思在论及商品交换时写道:"商品不能自己到市场去,不能自己去交换。因此,我们必须找寻它的监护人,商品占有者。"[①]商品发生交换,商品监护人必须有自己的意志。每一次商品交换的实现,都是商品监护人履行了对义务的承诺,并获得了某种权利,这就是诚实守信行为的形成和诚实信用关系的实现。马克思虽然没有明确提出商品交换是诚实信用关系和诚信行为,但他已经涉及诚信的本质——诚信关系是经济关系的反映。

4.西方诚信思想建构在制度基础之上

西方诚信观念在近代已经成为自然法的一个基本原则,由来自自然、社会生活的观念演变成具有道德内涵的强制规范。其后,资产阶级思想家洛克、卢梭等人,进一步发展了自然法,均坚持了信守诺言、履行契约的规定性。这样,以罗马帝国万民法为基础,法律意义上的诚信原则最终得到确立和发展,它主要是用以规范人们的商品交换行为。由此,诚信成为法律行为基本准则之一,成为调整民事行为的基本原则。此后,这一准则又逐步演变成一套制度和法律准则,具体体现为可操作的信用制度和法律范畴内权利与义务的统一。其中有个人信用制度、企业信用制度、金融信用制度乃至国家信用制度,这些制度真正使人感到"人无信不立"。西方的这种诚信观念和诚信制度与资本主义的社会制度一脉相承,相得益彰,维护了西方社会诚信体系的正常运行。

---

① 《马克思恩格斯全集》第44卷,人民出版社2001年版,第103页。

（三）现代意义上的"诚信"

诚信，是人类一种具有普遍意义的美德，也是我们中华民族的优良传统。千百年来，人们讲求诚信，推崇诚信。随着我国社会主义现代化的发展，市场经济体制的确立，和谐社会的构建，诚信这一传统美德也被赋予了更丰富的内涵和更高的价值。

现代意义上的诚信含义除了涉及公民个体道德领域，还向更多的领域扩展，如经济领域、法律领域、教育领域、新闻传播领域，其含义在不同领域更加细化、专业化。在《现代汉语词典》中，"诚信"的含义是"诚实，守信用"。诚信两字的字面意思是：言成即诚，人言为信。诚实就是真实无欺，既不自欺，也不欺人；守信就是重诺言，讲信誉，守信用。诚实和守信是统一的，做人应诚实为本，言行一致。诚信是立身之本，诚信是立业之本，诚信是立国之本。

联想集团总裁杨元庆先生认为：诚信是一个人乃至一家企业生存的根本。正泰集团董事长南存辉先生也认为：诚信，就是对承诺负责。北京金色世纪商旅网络科技股份有限公司董事长李梓正先生认为：诚信乃做人之原则，做企业之必需，也是社会文明程度的一个标志。不讲诚信的人，无人愿与其打交道。

在现代社会，就个人而言，诚信，是人格高尚、素养优良的具体体现，对于职业人士来讲，诚信更是一种资源。据媒体报道，一位留学生在国外乘地铁逃票，当时并没有被罚款，他洋洋得意，谁料毕业找工作时屡屡碰壁，才发现是因为这个逃票的"案底"，此时他追悔不及。如今在信用体系健全的国家，诚信早已成为每个公民在社会立足的生存要素。

从现代市场经济体制看，诚信已不同于传统意义上的诚信了，它具备以下几个基本特性：

1. 诚信具有普遍性

诚信作为道德的一个基本范畴，是社会历史的产物，它也必然随着社会历史条件的变化而处在不断地变化之中。普遍主义诚信就是伴随着市场经济的兴起而形成的。在市场经济社会，交易方式已不同于传统社会，它打破了民族和地域的限制，超越了时间的限制，而且其交易活动的主体是自由、平等的，这就要求双方必须尊重彼此的权利和利益。正是由于市场经济交易关系的特殊性，决定了普遍主义诚信就是要求对不同的人采取同样的交易规则，即一视同仁。在经济活动中，它体现为打破亲缘关系或地缘关系的限制，体现为基本上不带个人感情色彩的非人格交换关系，体现为对交易双方的利益和基本权利的相互尊重。只有建立起这样的诚信观念，才能建立和维护良好的交易秩序，实现市场经济的持续发展。

2. 诚信具有依据性

市场经济趋向成熟的表现就是转变为信用经济形态，以信用交易为主导，这时人们判断对方是否值得信任的依据主要是理性。所谓理性诚信，即人们能够根据对事实的掌握、分析和判断而决定是否信任对方。以人品信任和能力信任为例，现代意义上的人品信任已不仅仅局限于传统意义上的因熟悉得到的信任，而往往从行为的可预测性、可依靠性来判断人品是否可信，即通过个人的信用记录来表明他是否值得信任；能力信任是指相信一个人有足够的才能来办好一件事。一个人的能力是否值得信任只能是通过外在的东西得以证明,如他的经验、学历、资格证书等。这些都充分表明了诚信发生的主要依据是理性,而且随着信用体系的建立和不断完善,这种理性诚信的实现就会变得更为简单易行。

3. 诚信具有功利性

对于诚信是否具有功利性,我们先从道德的功利性来分析。在人类以往的伦理思想中,对道德是否具有功利性有着不同的认识。"道义论"强调道德作为一种义务的纯粹性,对利益具有优先性,其特点就是它的超功利性。与之相反,"功利论"则明确地把道德的义和经济的利结合起来,强调利益对道德的优先性和决定性,使道德为利益服务。它们代表了道德与利益关系的两极,两者各有所长也各有所短。马克思、恩格斯在历史唯物主义的基础上,深刻地分析了道德的经济根源,揭示了道德实质上是对一定社会利益关系的一种反映,道德与利益有着不可分割的内在联系。由道德与利益的联系中必然逻辑地得出诚信具有功利性。从现实看,现代社会是市场经济社会,在市场中,每一个参与者都是具有自主权利的主体,人们之间的关系是自由平等的,因此,彼此间有着对等的权利和义务,在诚信方面则应当相互信任,共同履行契约,既要实现自己的权利也要尊重他人的权利,并履行自己的义务。现代意义上的诚信具有道义和功利的双重性。传统社会中对诚信的理解与现代市场经济所要求的诚信是有差异的。传统社会的诚信主要是一种围于特定圈子的准则,一旦超过了这个圈子,人与人之间的交易就有可能成为无诚信可言的"一锤子买卖"。而对应市场经济社会的诚信则主张陌生人之间也要讲诚信。传统社会诚信发生的主要依据是情感,主体自身能否做到诚信往往是凭自己的道德良心,主体是否信任他人则取决于主体对其人格、品德的判断,这完全不同于现代社会的诚信。传统观念只注重诚信的道义性,而忽视诚信的功利性,认为"信"随"义"走,讲诚信的人必定是君子,讲利的人必定是背信弃义的小人,"信"总是游离于"利"之外。现代社会则强调诚信的功利性。当前,我国选择了市场经济的体制,特别需要现代意义上的诚信道德的支持,这就迫切需要人们转变传统的诚信观念,形成适应市场经济的现代诚信观念。

二、诚信的功能

所谓诚信的功能,是指它作为一个有着特殊结构的系统,同它的外部环境,即同作为其载体的人和社会的相互联系与相互作用的过程中的功能。诚信的功能是多种多样的,主要有调节功能、导向功能、教育功能、约束功能和凝聚功能。

调节功能。诚信的调节功能是指它具有通过评价等方式,来指导和纠正人们的行为和实际活动,以协调人与人之间、个人同社会群体之间的关系的能力。诚信的调节功能与法律等其他调节方式相比,属于"软调控"的范畴,具有经常性、自觉性、正面性等特点,因而它能广泛地影响人们的交往和行为,并对人们的利益关系和社会活动起到巨大的调控作用。

导向功能。诚信的导向功能是指它对社会公众的引导和指引方向的作用。这种导向功能主要表现在三个方面:一是引导社会公众行为的诚信价值取向,二是给出社会公众的诚信行为

目标,三是确立社会公众的诚信规章制度。诚信的导向功能是在调节个人同他人、社会群体之间的矛盾中,实现人们对社会倡导的诚信价值观念的认同,自觉把自己的思想和行为纳入社会所需要的秩序轨道。

教育功能。诚信的教育功能是指诚信能够通过评价等方式,造成社会舆论,形成社会风尚,树立诚信榜样,以促进培养人们的诚信观念、诚信行为和诚信品质。当诚信深入到社会舆论中,形成一种社会风气时,它就会对人们的诚信行为和品质产生重大影响。诚信的教育功能是诚信的调节功能和导向功能发挥作用的基础,但诚信的教育功能的发挥又只能在诚信的调节功能和导向功能中才能实现,否则,诚信教育只能是空洞抽象的说教。

约束功能。诚信的约束功能主要是通过制度、道德发生作用的。一方面,关于诚信的各项规章制度,其功能就是约束社会公众的信用行为。这种制度的约束作用比较明显,并且是硬性的,也就是说,人们必须在也只能在允许的范围内从事信用活动,否则将违约、违章甚至违法,而这些都需要支付相应的成本。另一方面,诚信既是一种职业道德,更是一种社会公德,违反了职业道德和社会公德,不仅要受到行政制裁,还要受到社会公众舆论的谴责,无论是行政制裁还是舆论谴责,同样要支付成本,比如对逃废债企业的公示,就会导致所有金融机构都不会与被公示企业打交道。如果这些企业需要重塑信用形象,其代价与过程是相当昂贵而漫长的!

凝聚功能。诚信的凝聚功能是指它把具有一定地缘、血缘关系的社会公众紧紧地联系在一起,使他们同心协力,恪守一种共同承诺的诚信观念,以创造经济的辉煌和推动社会的进步。诚信是处理人与人之间、人与社会之间关系的最起码的要求,人际关系的和谐、社会组织的正常运转和目标的实现,必须依靠人们之间的信任与合作。诚信作为一种共同的价值观念或群体意识,能够把群体中的每一个成员联系在一起,从而使他们获得"同生死""共命运"的使命感和责任感,激励他们团结起来为共同的目标而奋斗。如果社会组织缺乏诚信这一为大家所公认的价值观念,人与人之间、人与集体之间的矛盾和冲突就难以化解,人们就会各行其是,甚至各奔东西,致使组织的"合力"削弱,最终导致社会组织的瓦解。

由于诚信功能结构的统一和作用方向的一致,从而形成诚信的整体功能,这表现在个体和社会两个方面,即诚信的个体功能和社会功能。诚信的个体功能和社会功能是通过上述调节功能、导向功能、教育功能、约束功能和凝聚功能相互联系、相互作用而实现的。

三、诚信的价值

(一)诚信是个人的重要品格

"人格"是人区别于动物的为人资格和人的尊严,人格从道德价值的维度来看是人的独立存在的主体地位、稳定性的完整特征和存在状态,表现为个体或群体在社会生活中形成的调节、适应、改造周围环境的精神素质,是人的"社会自我"。诚信,自古以来就是人类共同的法则、共同的渴望和永恒的追求。诚信在个人道德品质中具有极其重要的作用,它是人的一种最重要的品德之一。个人诚信是个人在立身处世、社会交往、家庭伦理方面应遵守的有关诚信的原则和规范的总和。诚信是做人的基本要求,是一个人必备的道德素质。一个人如果没有诚信的品德和素质,不仅难以形成统一、完备的自我,而且很难取得成功。

关于诚信在人类个体生活中的价值,历史上的思想家们有过许多论述。孔子曾经多次谈到诚信的极端重要性,"人而无信,不知其可也","言忠信,行笃敬,虽蛮貊之邦行矣。言不忠信,行不笃敬,虽州里行乎哉"。他认为一个不讲信用的人,丧失了做人的起码的资格,是不能在社会中立足的。被后人视为儒家亚圣的孟子,特重仁、义、礼、智四德,这与《荀子·非十二子》中所记述的思孟学派崇尚"五行"的特点不甚相符。据郭沫若先生的研究,与其自然观上的五行思想相配合,思孟学派的道德观除了仁、义、礼、智四德之外还应有一个更核心的德,这就是诚或信。诚或信在其道德系统中的地位,就像土在五行中的地位一样。思孟学派的名著《中庸》正好大大地发挥了"诚"的思想,提出"不诚无物"的命题,把诚看成是一切道德的根基。人之于诚信,如同鱼之于水,不可须臾而离。北宋的周敦颐在《通书·诚》中也表达过同样的意思:"诚,五常之本,百行之源也。"

1. 诚信是实现自我价值的重要保障

人是一种社会动物,每一个人都要与人交往,总要面对诸多关系。关系是多种多样、千变万化的,但有一种关系即诚信关系必须保持稳定不变。诚信是人际交往的基础,是处理人与人、人与社会关系的最起码的要求。现代社会人际关系已成为事业成功的一种重要资源,只有诚实守信才会有持久的人际关系和良好的人际交往,只有诚信才能赢得别人的信赖,得到别人的理解和支持,易于与他人合作,增加获取成功的机会。一个人如果没有诚信的品德和素质,不仅难以形成统一的完备的自我,而且很难发挥自己的潜能并取得成功。美国出版了《百万富翁的智慧》一书,书中间及受访的 1300 位美国百万富翁"为什么能成功"时,最普遍的一个回答是:成功的秘诀在于诚实、有自我约束力、善于与人相处、勤奋和有贤内助,竟没有一位归结于"才华"。诚实,在这里被摆在了第一位。因此,一个人的事业成功往往与他的信誉联系在一起。尤其在今天的信息化时代,科技的发展一日千里,社会的分工越来越细,仅凭个人的能力是很难取得事业的成功的。精诚合作,具有团队精神已被认为是现代社会人才的必备素质。美国心理学教授乔治·赫华斯根据多年的研究认为,一个人事业的成败在于人品的优劣,他把"与同事真诚合作"列为成功的九大要素之首。从这个意义上而言,诚信是实现自我价值的重要保障。不讲诚信、目光短浅、只顾眼前利益的人最终将会受到惩罚而一事无成。聪明人往往懂得诚信是提高自身竞争力的源泉。日本大企业家小池曾说过:做人和做生意都一样,第一要诀就是诚实。诚实就像树木的根,如果没有根,那么树木也就没有生命了。正如我国 2018 年全国最美人物"诚信之星""早餐奶奶"毛师花,为了那些来自山区清早赶路上学的孩子卖早餐,27 年价格不变,她心里总是装着别人,"学生们很可怜,尤其山上的孩子们,他们的钱不多,所以我不涨价","那些学生将来要建设国家,能让他们吃饱一点,身体好一点,书读好一点就好了"。古希腊一位哲人也曾经说过:你若失去了财富,你只失去了一点儿;你若失去了荣誉,你就失去了很多;你若失去了信用,你就失去了一切。

诚信是事业大厦的基石,只有站在这块基石上,职业人士才能取得成功。反过来,如果你在一件小事上骗了别人一次,那么别人就会在其他事情上怀疑你,甚至会对你整个人产生不信任。很多成大事者靠的就是获得他人的信任,在职场生涯中没有信任就会失去相互交往的前提,就会失去携手合作的基础。但时至今日,仍有许多职业人士对此不以为然,不肯把精力和重点放在做一个恪守诚信者上。波斯诗人萨迪说:"讲假话犹如用刀伤人,尽管伤口可以愈合,但伤疤永远不会消失。"生活中,说假话往往被一些人视为"聪明"的处世之道,但谎言就是谎言,迟早会被真相戳穿。一旦谎言被识破,那么他的信誉将面临崩溃。一个人如果想通过谎言、投机取巧获得成功,也许在短期内他能蒙混过关,能获得短暂的成功和利益。但是由于缺乏诚信,内心充满了谎言,其人格必定是不健全的。随着时间的推移,他必将招致人们的唾弃,遭遇职场的抛弃,这也是基于收获法则之上的自然规律。因此,一个人的人品直接决定了这个人对于社会的价值,而诚信恰恰是人品中最重要的一点。微软公司在用人时非常强调诚信:"我们只雇用那些值得信赖的人。"微软公司列出的对员工期望的"核心价值观"中,诚信被列为第一位。作为第一的"核心价值",诚信是微软公司对员工最基本的要求。微软公司不会去雇用没有诚信的人,如果一个员工发生了严重的诚信问题,他会被立刻解雇。

为什么一个公司要关注员工的道德问题呢?一位微软公司的高级经理这样答道:"这是为了公司自己的利益。例如,一位应聘者在面试时曾对我说,如果他能加入微软公司,他就可以把他在前一家公司所做的发明成果带来。对这样的人,无论他的技术水平如何,我都不会雇用他。他既然可以在加入微软时损害前公司的利益,那他也一定会在加入微软后损害微软公司的利益。"

如果一个公司这么重视诚信,那么员工一定更值得信赖。因此,公司对员工也能够完全信任,让他们尽情发挥自己的才能。在微软,公司的各级管理者都会给员工较大的自由和空间发展他们的事业,并在工作和生活上充分信任、支持和帮助员工。只要是微软录用的人,微软就会百分之百地信任他。和一些软件公司对员工处处提防的做法不同,微软公司的员工可以看到许多源代码,接触到很多技术或商业方面的机密。正因为得到公司如此的信任,微软的员工对公司才有更强的责任心和更高的工作热情。可见,在职场生涯中,如果缺乏诚信,不用说最终取得成功,甚至连取得成功的机会都不存在。

个人诚信建设一靠诚信教育,诚信教育以培养完整的诚信人格为目标,使个人树立牢固的诚信意识;二靠个人信用制度的建立与完善,个人信用制度作为一种外在的强制力量,可以起到规范约束个人社会行为的作用。当前,上海、济南在这方面都做了积极的尝试。上海资信有限公司征集个人信用资料主要是通过采集上海 68 万个银行消费信贷用户和透支信息,借以制定个人信用状况,为银行提供个人贷款发放的依据。而中国建设银行济南市分行则通过出台《个人信用等级评定方法》,通过对借款申请人的年龄、学历、职业、家庭收入和家庭资产等信息资料汇集起来形成的十大指标体系,对借款申请人的还款能力、资信状况进行综合评价,划分信用等级。"有诚信者将畅通无阻,无诚信者将寸步难行。"完整的诚信记录将使个人不敢越违信的雷池半步。一旦失信,将被详细记录在案,失信者的失信经历不仅让其名誉受损,更重要的是将丧失掉预期的诚信收益。个人信用制度的完备为个人诚信建设提供了强有力的约束机制。

2.诚信是大学生做人之本

大学生的诚信意识、诚信行为、诚信品质,关系到良好社会风尚的形成,关系到社会主义和谐社会的构建,在一定意义上关系到中华民族的未来。大学生要肩负起全面建设小康社会和社会主义现代化建设的历史使命,就必须自觉加强诚信道德建设,把诚信作为高尚的人生追求、优良的行为品质、立身处世的根本准则。

第一,诚信是大学生树立理想信念的基础。一个没有良好诚信品德的人,不可能有坚定的理想信念。一个在平时不讲诚信的人,在关键时刻不可能为崇高的理想信念做出牺牲。大学生只有养成诚实守信的道德品质,才能真正忠诚于国家和民族的事业,牢固树立在中国共产党领导下走中国特色社会主义道路、为实现中华民族伟大复兴而奋斗终生的理想信念。

第二,诚信是大学生全面发展的前提。大学生只有以诚实守信为重点,加强思想道德修养,讲诚信、讲道德,言必信、行必果,诚心做事、诚实做人,言行一致、表里如一,自觉端正态度,坚守道德规范,才能不断提高思想道德素质、科学文化素质和健康素质,实现全面发展。

第三,诚信是大学生进入社会的"通行证"。大学生只有树立诚信为本、操守为重的信用意识和道德观念,"以诚实守信为荣、以见利忘义为耻",努力培养诚实守信的优良品质,奠定立足现代社会的道德基石,才能成为高素质的各类人才,承担起社会责任和历史使命。所以,诚信是大学生奠定做人基本品质以及在社会交往中获得成功的基本条件。大学生的诚信度对其进入社会难易程度有直接影响。如今大学毕业生的就业形势不容乐观,而虚假失信的行为会严重影响大学生的形象,必然会造成其就业与进入社会困难,对其进一步成长、成才带来不利影响,甚至会使大学生产生严重的挫折感,得不到社会的认可。而诚信使大学生具备了做人处世的基本内在品质,为其顺利进入社会,从而为国家、为社会建功立业奠定了良好的基础。

诚信使大学生具备了立身处世的基本内在品质,增强了外在人际吸引力,为其取得成功创造了重要条件。诚信为人是走向成功之路的必要条件,新时代的大学生无论在思想和行动方面都应该走在前列,去思索,去感悟。一个人的成功必须具备天时、地利、人和三个因素,而人和是最关键的。一个人的成功离不开良好的人际关系和团结一致的团队精神。大学生在走向成功的道路上必然要协调上下级及周围或者单位外的人际关系,在人际关系中任何一环出现问题,获得成功都变得不易。诚信无疑是人际关系中一张有效的通行证,使大学生获得各种成功的机遇。

(二)诚信是社会主义市场经济的基础

市场经济是一种契约经济。契约要能生效,义务得以履行,必须以忠诚信守为先决条件。离开了诚信,正常交易就无法进行,市场经济就难以维系。契约精神是市场经济的核心和灵魂,是建立市场经济体制的关键。因此,现代市场经济也被认为是一种契约经济、合同经济。市场是联结生产与消费、供给和需求的中间环节,是商品经过"惊险的跳跃"实现自身价值的场

所。经济活动的各种关系,包括供求关系、竞争关系等都隐含在双方的契约伦理之中。市场主体不是随意进出市场的,在市场内活动意味着他对市场基本规范的认可与遵守,也就是说,每一个市场主体对他人、对市场有最起码、最基本的信任。正如富兰克林对此的形象分析:"以遵守诺言按时付款而著称的人,可以在任何时候、任何情况下筹集到他的朋友省下的钱。这一点时常大有益处。除了勤劳和节俭,实在没有什么比在交易中的守时和公正更有助于青年人的成长。因此,绝不要违背诺言,把你应当还账的时间拖一小时,一次失信,就会使你朋友的钱袋永远向你关闭。"[1]在市场经济运行过程中,人们之间的交易关系都是通过一定的合同或契约来确定和维护的,契约以交易各方合意为基础,给交易各方确立了明晰的权利和义务关系,这就要求交易各方必须遵守诚实信用的原则去履行其义务、行使其权利,以保证彼此利益的实现。诚信是订立契约的基础,其内容体现为立约各方的利益交换,而这种利益的获得是预期的、非现实的,只有立约各方本着诚实信用的原则来订立契约,并以诚实合作的态度来履行契约,才可能保证其利益的实现,否则,契约的目的就无从说起。因此,作为维系市场交易的纽带和维护市场秩序的契约,没有了诚实信用原则的支撑,契约就成了一纸空文,成了散布在市场中的一个个"美丽的陷阱",市场经济的交易就失去了安全保障,从而影响着市场经济的运行。

随着市场经济的深入发展,企业诚信问题越来越受到社会各界的关注,企业诚信不仅对企业自身的发展有益处,而且对市场经济的发展也起着促进作用。著名学者弗朗西斯·福山在其著作《信任:社会美德与创造经济繁荣》中谈道:"在一个时代当社会资源和物质资源同等重要时,只有那些拥有高度信任的社会才能构建一个稳定、规模巨大的组织,以应对全球经济的竞争。"这句话深刻地揭示了企业诚信在市场经济的发展中所处的重要地位。

诚信有利于企业自身的发展。在中国古代有许多商人把"诚信"奉为经商的信条,从而取得了成功,也留下了美名。历史上有名的徽商以"信以服人"使"营谋渐裕"。由于他们"以忠诚立质,长厚摄心,以礼接人,以义应事,故人乐与之游,而业日隆隆起也",在明代已发展到"商贾之称雄者,江南则称徽州"的辉煌地位,至清代前期,其事业达到高峰,活动范围竟远涉外洋。创建于清康熙八年(1669)的同仁堂药店是一个有着300多年历史的老店,创始者岳显扬及后人始终秉承"修合无人见,存心有天知"的宗旨。以仁义诚信经商,是其长盛不衰的奥妙所在。因此,诚信是企业的立业之本。

诚信有利于提高企业的竞争力。企业诚信不仅使社会主义市场经济有序化,更重要的是能提高企业自身持续发展的竞争力。一般来讲,企业的核心竞争力分为"表层的竞争力——产品层""深层的竞争力——制度层""核心的竞争力——文化层"这三个方面。作为文化层的企业诚信,这种核心价值观一旦为企业全体员工所共同追求,企业的发展就会有源源不断的动力源泉。考察"惠普之道"的施政纲领,其理论精髓在于"信任和尊重员工"这一核心诚信

---

[1]　转引自[德]马克斯·韦伯:《新教伦理与资本主义精神》,彭强、黄晓京译,陕西师范大学出版社2003年版,第20页。

价值观念。惠普的创始人比尔·休莱特曾说过："这是由一种信念衍生出来的政策和行动。这种信念是：相信任何人都愿努力工作，并能创造性地工作，只要给予他们适宜的环境，他们一定能成功。"①正是这种真诚对待员工的诚信价值观的形成与运行，造就了惠普的传奇。经济学家张维迎认为，企业最重要的竞争力表现在两方面：一是企业内部积累的互补知识，二是企业信誉。从短期来看，决定企业竞争力的因素是多种多样的，如产品开发、技术创新、流程管理等；但从长远来看，决定企业竞争力的基础是诚信。企业如果没有诚信，即使其管理效率再高，技术再先进，产品再好，也无法在市场上实现其价值。波特在《竞争战略》一书中说道，企业最终的竞争力取决于它在一系列价值中如何进行选择，而诚信的理念，才是企业竞争力的动力源。诚信是企业宝贵的无形资产，从短期利益来看，企业以诚信经营，则能形成产品优势，管理和谐，从而提高竞争力。从企业长期利益来说，诚信经营，可以使企业拥有良好的信誉、持久的品牌、忠实的顾客、稳定的市场份额，从而持续提高竞争力。

(三)诚信是政府信用的基石

政府诚信是构建整个社会信用体系的基石。政府信用、企业信用以及个人信用组成一个完整的信用体系，而政府本身所担负的引导、监督、管理社会信用的职责，决定了它是基本社会信用制度建立和维护的主体。政府信用是社会信用的核心，政府信用在整个社会信用体系建设中应当发挥表率作用，所以培植政府的公信度，是建立社会信用体系的关键。政府诚信是政府有效发挥管理社会职能的一个重要前提条件，是弘扬信用文化、建设诚信社会的基础。因此，建立和健全社会信用制度，首先要从政府做起。政府诚信是市场经济体制良好运行的保证，政府在市场经济中扮演了市场制度规则的主要提供者和监督执行者的角色，规则要得到公众的认可并在社会经济活动中真正起作用，必然取决于政府的诚信度。在一个开放的、市场化的社会里，政府诚信已成为决定人力资本和货币资本走向的重要因素。因此，大力提升政府诚信度，是优化投资环境、吸引更多外来投资的关键。政府诚信更是适应加入 WTO 现状的迫切需要。是否有一个廉洁、勤政、务实、高效、诚信的政府才是在未来的国际竞争中掌握主动权的关键。因此，在大力倡导商业诚信的同时，更要加大力度进行政府诚信建设。

政府的诚信，关系民主法治、公平正义，影响着政府的公信力，决定着和谐社会的建设。《中共中央关于完善社会主义市场经济体制若干问题的决定》强调："增强全社会的信用意识，政府、企事业单位和个人都要把诚实守信作为基本行为准则。"2007 年，温家宝总理在《政府工作报告》中提出提高政府公信力的任务。政府的诚信建设，一是体现在制度的公正性层面；二是表现在政府行为的诚信层面。制度公正是政府公信度的基础。制度不公就会导致社会权利与义务的不平等，引发社会利益分配失衡或利益冲突，并为各种不法行为、失信行为提供滋生的土壤。因此，坚持科学发展观，处理好"五个统筹"的关系，通过加强制度建设解决分配公正、司法公正、教育公正等群众特别关切的问题，是诚信政府建设的重中之重。但是，符合社会公

---

① 转引自包晓闻：《企业核心竞争力经典案例》，经济管理出版社 2005 年版，第 92 页。

正的制度,要通过各级政府及其工作人员去维护和实施,其实施的状况以及由此形成的政风,决定着政府的公信度和形象。在现实生活中,有的地方政府不能做到依法行政、公正执法,缺乏责任意识,致使政策扭曲;有的地方腐败现象损害了党和政府的形象,影响了政府的公信力。温家宝总理在《政府工作报告》中讲到政府工作中存在的问题时尖锐地指出:有些关系群众利益的问题还没有得到根本解决;有些政府工作人员依法行政观念不强;形式主义、官僚主义、弄虚作假和奢侈浪费的问题比较突出;腐败现象在一些地方、部门和单位比较严重。因此,诚信政府建设,关系到社会信用体系的建立,关系到社会诚信道德水平的提升。

(四)诚信是社会和谐的支撑

1. 诚信是构建社会主义和谐社会的重要基础和前提条件

胡锦涛同志明确指出:"我们所要建设的社会主义和谐社会,应该是民主法治、公平正义、诚信友爱、充满活力、安定有序、人与自然和谐相处的社会。"而上述每一个目标的实现都必须建立在社会诚信的基础之上,因为民主必须在取信于民的基础上才能得到充分发扬,法治的推行必须以社会诚信为前提。诚信是社会主义和谐社会的内在本质要求和具体体现。在人类的道德规范体系中,诚信对社会的和谐发展最有价值,因为诚信可以最大限度地减少社会生活中的各种内耗和摩擦,减少社会生活的风险和代价,使社会的运行成本大大降低;还有助于构筑良好的人际关系,消除矛盾激化的潜在因素。和谐社会主要体现在三个方面:人与人之间的和谐、人与社会之间的和谐以及人与自然之间的和谐,而所有这些和谐都必须以人的诚信为基础和条件。所以,诚信是社会主义和谐社会的客观要求和本质反映,是构建社会主义和谐社会的重要基石。

2. 诚信是保证我国政治、经济、文化和社会建设协调发展的精神支撑

诚信道德建设,不仅是道德建设的重点,而且对构建社会主义和谐社会进程中其他各方面的建设,也是不可或缺的。胡锦涛同志指出,和谐社会几个特征是相互联系、相互作用的,需要在全面建设小康社会的进程中全面把握和体现。这一深刻阐述,是马克思主义世界观和方法论在和谐社会构建方面的具体运用,它揭示了社会主义和谐社会各个要素之间的辩证关系,说明和谐社会建设是一个伟大的系统工程。其中,民主法治是政治方面的明确要求,公平正义是经济方面的价值目标,安定有序是社会组织和管理方面的任务,充满活力是社会建设多方面努力的综合成果,和谐相处是对处理人与人、人与自然关系的具体要求。这些目标的实现,都离不开诚信道德的规范、支持和维护。如果一个社会不能在公民中普遍地培育起诚信的道德素养,其政治、经济、文化等各方面的关系就不可能协调,人与人之间就不能做到平等友爱、融洽相处,社会生活就不能充满活力、安定有序。从这个意义上说,诚信道德状况直接关系到和谐社会的建设。诚实守信是中华民族的传统美德,在社会主义条件下应当进一步发扬光大。在社会主义条件下,广大人民群众的根本利益是一致的,人与人之间应当是互帮互助、诚实守信、平等友爱、融洽相处的新型关系。这是由社会主义本质所决定的,也是社会主义制度优越性的具体体现。人们之间以诚相待,才能处理好各种人民内部矛盾,使人们各尽其能、各得其所。

但在实际生活中,一些人急功近利、弄虚作假、言而无信、尔虞我诈;一些地方存在道德冷漠症,造成人与人之间的隔阂与不信任。因此,以诚信为重点,正确处理义与利、竞争与协作的关系,培育社会主义新型人际关系,是构建和谐社会的一个重要任务。

3. 诚信是社会主义核心价值观的基本要素

培育和践行社会主义核心价值观,是时代赋予我们的一项伟大而光荣的使命,同时也是一项艰巨复杂的系统工程。培育和践行社会主义核心价值观是坚持和发展中国特色社会主义的内在要求,是凝聚社会共识、实现团结和谐的基本途径,是树立国家良好形象、提升国家文化软实力的迫切需要。诚信是培育和践行社会主义核心价值观的重要内容,推进诚信建设,对于这一工作有着十分重要的意义。

党的十八大首次提出社会主义核心价值观这一概念,强调"深入开展社会主义核心价值体系学习教育,用社会主义核心价值体系引领社会思潮、凝聚社会共识","倡导富强、民主、文明、和谐,倡导自由、平等、公正、法治,倡导爱国、敬业、诚信、友善,积极培育和践行社会主义核心价值观"。富强、民主、文明、和谐是国家层面的价值目标,自由、平等、公平、法治是社会层面的价值取向,爱国、敬业、诚信、友善是公民个人层面的价值准则,这24个字是社会主义核心价值观的基本内容,为培育和践行社会主义核心价值观提供了基本遵循。"三个倡导"对于实现"两个一百年"的奋斗目标和中华民族伟大复兴的中国梦具有重要的意义。在三个倡导中,富强、民主、文明、和谐体现了社会主义初级阶段我国最广大人民群众的价值意愿和价值选择,反映了中国特色社会主义在精神和价值层面的本质规定性和社会主义核心价值体系的精髓。富强、民主、文明、和谐,反映了近代以来中国历史发展的根本要求,是改革开放新时期以来我们党的基本主张。党的十七大以来的历次中央全会上,我们都明确强调了这一奋斗目标。在当代中国,实现国家昌盛、人民幸福和民族复兴,始终是一个鼓舞人心、振奋精神的价值理想,是一个能够凝聚起亿万人民智慧和力量的宏伟目标。自由、平等、公正、法治,反映了社会主义社会的基本属性,始终是我们党和国家奉行的核心价值观念。我们党是马克思主义政党,马克思主义追求的终极目标是人的自由而全面的发展,我们党从成立之初就将其写在自己的旗帜上,并为之做出不懈奋斗,在实践上极大发展了人民的自由和平等,极大发展了社会的公正和法治。相对于资本主义社会虚假的自由平等而言,我们倡导的是真正的自由、平等、公正。可以说,我们党坚持科学发展,坚持以人为本,坚持执政为民,坚持依法治国,最终目标都是服务人民,促进人的全面发展,践行自由、平等、公正、法治的崇高理念。爱国、敬业、诚信、友善,是中国这个社会主义国家的公民应当树立的基本价值追求和应当遵循的根本道德准则,是公民基本道德规范的核心要求,体现了社会主义价值追求和公民道德行为的本质属性。自党中央印发《公民道德建设实施纲要》以来,中央在多次重要会议和重要文件中论及公民道德规范方面的内容。爱国、敬业、诚信、友善,涵盖了社会主义公民道德行为各个环节,贯穿了社会公德、职业道德、家庭美德、个人品德各个方面,集成了中华民族传统美德、中国共产党人革命道德和社会主义新时期道德的精华,具有很强的全面性和系统性。

　　诚信是社会主义核心价值观的基本要素。"所谓诚信,就是诚实守信,表现为公民在说话、做事和做人方面真诚不欺、信守诺言,也体现为公民实事求是、言行一致的行为方式。诚信要求人们内诚于心、外信于行,是一切道德的基础和根本,是人类社会普遍倡导的为人处世的道德规范,具有重要的伦理价值。"[①]只有尊重和遵守诚信准则,人们的创造活动才能得到维护,创造才能得到发挥,社会才会充满活力;没有诚信和法治做保障,社会秩序就会出现混乱,人民的权益就无法得到保障,公平正义就难以实现,安定有序也就成为一句空话。唯有在诚信的基础上,人与人之间才能坦然相处,才能建立起良好和谐的人际关系,整个社会才能正常运转。诚信在任何时代、任何社会都维系着社会秩序,成为社会良性运行的基石,具有重要的社会价值。人无信不立,家无信不和,业无信不兴,国无信不稳,世无信不宁。诚信既是中华民族的传统美德,更是社会主义和谐社会的根本准则。

　　大学生正处于立学、立德、立志的重要阶段,在这个时期形成的价值观念对他们的一生都有很大的影响。"三个倡导"引领大学生树立正确的世界观、人生观、价值观,我们要紧密结合大学生的思想实际和接受习惯,把"三个倡导"融入他们学习、生活的各个方面,体现到高校规章制度和行为规范中;要引导大学生树立爱国主义精神和改革创新精神,强化法制纪律观念,增强艰苦创业、勤俭节约意识,把社会主义核心价值观根植于每个学生的思想和行动中;要加强诚实守信教育,引导大学生形成守信光荣、失信可耻的道德观念;要积极组织大学生参加爱党爱国的理想信念教育活动、力所能及的生产劳动、形式多样的勤工俭学活动、助人为乐的爱心公益活动、奉献社会的志愿服务活动、益德益智的科学发明活动等,在社会实践中深刻体会社会主义核心价值观的精神要义,不断体验崇高、增进认同,争做中华民族伟大复兴中国梦的坚定支持者和践行者。

---

　　①　徐涌金:《试析中国特色社会主义核心价值观的语言表述》,《社会科学战线》2013 年第 6 期,第 165 页。

第二章　不同视域中的诚信

随着时代的进步,诚信的内涵也在不断延伸。不同的视域,有着不同的诚信的思想,从当前经济社会发展角度看,诚信大致可以分为道德诚信、法律诚信、经济诚信和政治诚信等。

一、道德诚信

道德诚信,是指作为道德准则的诚信。道德诚信要求人们言语真实、恪守诺言、无虚假、不欺诈。道德诚信并不是人们所追求的最终目标,它只是调整人与人之间的合作关系的准则,它要求人们做到两点:一是言语要真实,即向他人发出的信息要真实,以保证相对人能够根据真实的信息做出正确的、符合自己利益的选择,是对人的内在品质的要求;二是要恪守诺言、履行义务,以实现相对人的利益,是对人的外在行为的规范。

内在的诚实与外在的信言在诚信这一范畴中达到了高度的统一,才能使个体的心性修炼与交往活动中的为人处世有机地结合起来。诚信这一概念的特殊意义,就存在于这种"统一""结合"之中。按照诚信的要求,人们不能满足于闭门修身,而应将内在的诚德外显为面对他人的信言。信言即是可以落实、说话算数之言,是"言行一致"中的言。信言出自诚意,将诚的要求贯彻到底,则是不仅要真诚地说,而且要按照所说的去做。只有将内在的诚与外在的信结合起来,才能产生真正自由、自为、自觉的道德行为,才能使诚德通过守信用的交往活动惠及他人,从而实现其应有的价值。

诚信的行为是基于诚的守信行为,是以重诺为前提的履行诺言的行为。并非所有守信行为都可以被判定为诚信行为,只有那些以诚为基础的守信行为才可以冠以诚信的美名。如果守信完全是迫于外在压力,则这样的守信行为与诚并无关系,因而不属于真正意义上的诚信行为。诚是道德的支点,以诚作为守信的基础,其实也表明了真正的诚信行为其自身就是具有道德性的行为。因此,诚信范围内的守信行为,必须以道德作为衡量标准。如果守信而又违背道德,则此种守信实际上脱离了诚的基础。这就是说,信的约束力不是无限的,一旦信不合义,则不必守信。诚是义的根本,因而其约束力强于信。只有依诚而信,才是具有道德意义的守信行为。信的约束力只有在与诚的要求相一致时,才能获得诚的支持,才能够得到道德庇护。

二、法律诚信

除了道德意义上的诚信之外,还有所谓法律诚信的问题。法律诚信,是指作为法律原则的诚信。法律诚信作为一项法律原则,是指当代各国在法律上尤其是在私法上普遍规定的诚实信用原则。我国《民法通则》第四条规定:"民事活动应当遵循自愿、公平、等价有偿、诚实信用

的原则。"《合同法》第六条规定："当事人行使权利、履行义务应当遵循诚实信用原则。"这是我国法律关于诚实信用原则的规定。诚信很早就被引入法律文献。例如,"诚信"一词的使用,在东罗马帝国优士丁尼的《法学阶梯》中有 38 处;在《拿破仑法典》中约有 117 处;在罗马法民法大全《学说汇纂》中约有 462 处。法律诚信主要表现为贯穿于民事法律关系中的诚信原则。"诚信原则就是要求民事主体在民事活动中维持双方利益的平衡,以及当事人利益与社会利益平衡的立法者意志。""三方利益平衡是这一原则实现的结果,当事人以诚实、善意的心理和行为行使权利、履行义务;法官根据公平正义进行创造性的司法活动是达到这一结果的手段。"①道德诚信与法律诚信具有密切的联系。首先,从渊源上看,法律诚信源于道德诚信,是道德诚信的法律化。其次,两者具有相辅相成、相互维系的关系:法律诚信必须有相应的道德诚信作为基础和依托,否则就会成为无根之木;而道德诚信也必须有相应的法律诚信作为保障,否则就会柔弱无力。其具体体现在:

（一）我国的法律诚信源于西方文化中的道德诚信

我们在对其进行解释和适用时,必须考虑其在西方法律体系中的本来含义,而不能仅从中国传统的道德诚信出发对其进行望文生义式的理解。中国传统的道德诚信为引入西方的法律诚信奠定了一定的伦理基础,但要想使之成为法律诚信所依托的道德准则,绝不可忽视改造其不适应的一面。中国传统的道德诚信与西方文化中的道德诚信具有基本相同的内涵和要求,但也有实质性的区别。西方文化中的道德诚信具有普遍性,因此成为西方资本主义全面展开的道德基础;而中国传统的道德诚信是自然经济和宗法社会的产物,是主要适用于封闭的、以血缘和地缘为纽带的朋友和熟人之间的伦理准则,因此中国传统道德诚信中缺乏与市场经济相适应的、能够支撑市场经济发展的社会化的部分。这是中国在由传统经济向社会主义市场经济体制转轨过程中出现一些诚信缺失问题的重要文化原因。

（二）法律诚信脱胎于道德诚信

事实上,准确界定法律诚信的含义是一件很困难的事情,因为该原则除了具有"诚实守信"的字面含义外,还含有附加的、引申的其他含义。汉语中的"诚信"一词与西方相应术语的字面意思相近,但不具备其特定的法律含义。按照我国学者的一般理解,法律诚信体现的是要求民事主体在民事活动中维持双方的利益平衡以及当事人利益与社会利益平衡的立法者意志,其目标在于实现三方的利益平衡,保持社会的稳定和社会的和谐发展。实现这一目标的手段有两个:一是要求当事人以善意、诚实守信的态度行使权利、履行义务。"善意"要求人们在进行有关民事活动时尊重他人的利益,主观上不能有损人利己的心理,并且要以应有的注意程度防止损害他人利益;"诚实守信"要求人们在进行民事活动时实事求是,对他人以诚相待,不得有欺诈行为。二是授予法官自由裁量权,使法官可以根据公平正义的要求进行创造性的司法活

① 徐国栋:《民法基本原则解释》,中国政法大学出版社 2001 年版,第 79 页。

动,以弥补立法的缺陷与不足,努力实现个案处理中的具体公正。

法律诚信没有清晰的内涵和确定的外延,其适用范围极为广泛,当立法者在具体立法中未能穷尽难以预料的情形或设定出恶法条款时,法官可本着公平正义及良知行使自由裁量权,能动地裁判案件。因此,它能够协调法律规定的有限性与社会关系的无限性的矛盾、法律的相对稳定性与社会生活的变动不居性的矛盾、法律的正义性与法律的具体规定在某些情况下适用的非正义性的矛盾。在这里,我们看到了法律诚信所具有的独特宗旨和强大功能:保持各方利益平衡。

道德诚信就躲在法律诚信的背后,它无时无刻不在通过法律诚信发挥着作用;而法律诚信在骨子里也恰恰体现着道德诚信的要求,它也无时无刻不在实现着道德诚信的使命。何以见得?还得回到最简单的问题:我们为什么需要道德诚信?答案很简单:人是社会性的动物,人们需要互相合作以增进彼此的福利;人们合作的基础是道德诚信,道德诚信是当事人从合作中公平地获利的保证,如果没有道德诚信,当事人在合作中的利益关系就会失去平衡,从而影响、危及一方当事人的生存或其生存的物质基础。道德诚信要求人们做到两点:一是要言语真实;二是要恪守诺言、履行义务。一般来说,在当事人都能做到这两点的情况下,双方的合作(包括交易)就是公平的,双方的利益关系就是平衡的。可见,道德诚信的基本作用就在于要求当事人尊重相对人的利益,维护相对人的利益,保证当事人都能通过合作实现自己应得的利益。但是,在有些情况下,当事人做到了道德诚信,却并不能实现双方的利益平衡,比如出现了情势变更,这时候就需要重新调整双方之间的利益关系,而不能机械地强调恪守诺言。因此,只强调道德诚信是不够的,道德诚信并不能必然地实现当事人之间的利益平衡,道德诚信只是手段,实现利益平衡才是目的,真正应该强调的是"保持各方利益平衡"。这是法律诚信比道德诚信更"高明"的地方,它抓住了最根本、更关键的东西,因此它已经超越了道德诚信,进入了一个更高的境界。如果道德诚信仅仅由"诚实守信"上升到"保持各方利益平衡",那么它仍然属于道德范畴内的自我升华而没有上升为法律诚信。道德诚信上升为法律诚信这一事实本身已经说明道德的力量不足以维护诚信,它需要借助法律的力量。然而,法律诚信的目标已经定位于"保持各方利益平衡"而不再是"诚实守信"。立法者规定什么是诚实守信相对来说是比较容易的事情,而要确定当事人之间的利益怎样才是平衡的就很不容易了,因为当事人之间的利益关系是千差万别的,立法者根本不可能把各种社会关系的各种可能发生的情况都无一遗漏、明明白白地规定清楚。因此,立法者只有一条路可走:授予法官自由裁量权。这样,法律诚信就诞生了。

在讨论诚信的时候,还应当明确区分道德上的诚信与法律上的诚信。区分法律诚信与道德诚信的主要意义在于:法律诚信和道德诚信并非同一范畴,研究分析诚信问题的时候不可简单地将两者混为一谈;法律诚信和道德诚信具有不同的功能,不能互相替代,但是可以互补;诚信缺失问题的解决,既要依靠法律诚信也要依靠道德诚信,既要依靠法治也要依靠德治;法律对于道德诚信的维护,也并非仅仅依靠诚实信用原则,事实上民法上的许多制度以及经济法、行政法、刑法等许多法律的相关规定都在维护着道德诚信。譬如,我国《消费者权益保护法》第

五十五条规定："经营者提供商品或者服务有欺诈行为的,应当按照消费者的要求增加赔偿其受到的损失,增加赔偿的金额为消费者购买商品的价款或者接受服务的费用的一倍。"再比如,我国《刑法》对生产、销售伪劣商品罪以及金融诈骗罪、扰乱市场秩序罪做出了详尽的规定。其实,我国《宪法》的一些规定也直接体现了道德诚信的精神,例如第五十一条规定:"中华人民共和国公民在行使自由和权利的时候,不得损害国家的、社会的、集体的利益和其他公民的合法的自由和权利。"可见,从法治的角度看,维护道德诚信是宪法和各部门法的共同任务,而不仅仅是民法的任务,更不仅仅是民法上的诚实信用原则的任务。明确了这一点之后,我们就可以从法律体系整体上来分析研究怎样构建一套系统的、完善的维护道德诚信的法律机制。例如,我们可以深入分析民法、经济法、行政法、刑法在维护诚信的法律机制中扮演着什么样的角色,应当发挥什么样的作用。

目前,人们讨论的诚信问题主要是道德诚信的缺失和由此产生的危机。当然,如上文所述,道德诚信与法律有密切关系。一方面,许多违反道德诚信的行为构成违法行为,甚至构成犯罪行为,行为人应当承担法律责任;另一方面,法律诚信与道德诚信也有割不断的联系,恪守道德诚信也是法律诚信的要求。此外,我们可以发现,人们在讨论道德诚信的时候逐渐对其有了更广义的理解,从而超越了道德诚信传统上所具有的"诚实守信"的基本含义而赋予了它更加丰富的内涵。按照这种更广义的理解,道德诚信对人们的要求已经不再局限于不欺诈和恪守诺言的义务,它的本质要求可以更加抽象地表述为:忠实地履行自己的各种道德、法律义务和职责,正当地行使自己的权利和权力,尊重和维护他人的权利和利益。因此,欺诈、不守信属于不诚信的行为,不履行或不认真履行自己的其他道德义务、法律义务、职责以及不正当地行使自己的各种权利、权力也属于不诚信的行为。应当说,这是一种积极的变化,是一种观念的进步,应予以肯定。我们可以感受到,道德诚信的内涵正在进一步向法律诚信的宗旨和功能靠近。当然,两者毕竟具有不同的属性,因此永远也不可能合二为一。

三、经济诚信

经济领域是公共生活领域的另一个十分重要的方面。经济诚信是存在于经济领域中的诚信关系和现象。经济活动是在生产者和消费者、卖者和买者的关系中进行的。经济活动的双方能否建立诚信的关系,对于社会的经济发展有着至关重要的影响。中国古代虽有"无商不奸"的说法,但历代不乏讲求诚信、买卖公平、货真价实、童叟无欺的"儒商"。"儒商"以诚信为经商的原则,以义求利,大都能够立于不败之地,取得日益丰厚的利润。那些以次充好、缺斤少两、坑蒙拐骗、巧取豪夺的奸商,虽能暴发于一时,但都难以持久,大都最终落个人财两空的下场。

市场经济是市场对资源实行优化配置的一种经济运行方式。市场经济是契约经济,一切经济主体的经济活动都建立在契约之上。从这个意义上讲,市场经济又是信用经济。在现代市场经济中,信用形式繁多,从信用主体角度区分,主要有银行信用、商业信用、合作信用、私人信用、国家信用、国际信用等。社会信用是现代市场经济良好运行的重要保证。因为市场经济的目标是实现经济利益最大化,利益就成为影响经济主体经济行为和资源流向的主要因素。如果歪曲了对经济利益最大化的理解,则在利益的追求上就会出现偏差,资源就会流向那些能够获取暴利的非法领域,比如说制假贩假等,这样利益的分配就体现不出效率优先、兼顾公平的原则。而经济诚信则可避免企业主体这种偏激经济行为的发生,用正当的方式获取合法利益,使资源实现真正的优化配置,体现市场经济的"效率优先、兼顾公平"的原则,保证市场经济持续、健康、快速的发展,所以说经济领域的诚信是市场经济运行的内在要求。

在建设社会主义现代化的过程中,我们借鉴了西方的市场经济模式。毋庸讳言,在市场活动中,谋利是人们的重要目的。有些人认为,市场活动就是要讲赚钱第一,诚信能值几个钱?在他们看来,黑心才能赚钱,诚信只能赔本。在这种思想观念的指导下,一些人急功近利,无所不为,从而使社会的诚信水平急剧下降。人与人之间互不信任,彼此提防,从而无形之中提高了市场交易和人际交往的成本。由于人们包括外商在内对于某些经济政策的不信任,对于预期回报没有信心,从而在投资过程中畏首畏尾;由于社会信用的缺失,金融业陷入了日渐困难的境地;由于人们对于假冒伪劣产品的恐惧,使得某些商品难以销售,从而造成了财富的极大浪费;由于某些商品制造商的不诚信,以次充好,使得劣质产品出口到国外,严重地影响了中国商品的信誉,给中国商品的出口、国外市场的开拓造成了难以弥补的恶劣影响;由于企业管理者和职员之间的互不信任,造成了某些企业生产效率和产品质量的低下,使企业日渐萎缩、滑向倒闭的边缘。诸如此类的现象是相当普遍的。现实中大量的事实说明,经济领域中诚信的缺失已经给我国的经济建设造成了巨大的不良影响,这是一种损失不可估量的社会灾难。

诚信是社会主义市场经济的道德本质。现在许多经营者已经充分认识到诚信对于市场经济活动的重要性,向社会和消费者承诺自己的产品质量和服务质量,像爱护眼睛一样爱护自己的商品品牌。市场经济活动实践告诉人们,具体的商品是有价的财产,而诚信的声誉则是无价的财富、是未来的财富。规范的市场经济一定是以诚信为基础、以法律为准绳的市场经济。

四、政治诚信

在公共生活领域,诚信具有更重要的价值。公共生活领域的伦理关系不仅比私人生活领域的伦理关系宽广,而且更为复杂。家庭内部的关系,是靠亲情来维系的,而社会上的种种关系,是靠信义来维系的。社会政治生活是公共生活领域最重要的方面。政治诚信是适用于政治领域的诚信。其具体要求有三个方面:实事求是的行为品格、言行一致的行为准则和忠于人民事业的信念。政治诚信主要是调节政府和民众的关系,其核心是服务于人民。

政府诚信是指政府部门在公共事务中应遵守的有关诚信的原则和规范的总和。政府诚信是政府对于广大民众的责任。诚信是为政根基和执政之本。政府诚信是政府存在的根本,也是社会诚信的定心盘。政府诚信动摇,社会诚信也就会随之动摇,乃至崩溃。因此,我们必须确立政府诚信原则,重塑诚信政府。诚信政府的建立,是自律和他律的统一。从自律的角度

看,政府诚信应突出强化政府官员的诚信道德修养,强化政府服务意识。从他律的角度看,政府诚信的建构需要完善政府诚信制度。

在当前服务型政府理念的引导下,政府更应将诚信作为其运作的核心理念。各级公务员运用自己手中的权力时,应遵纪守法、严格执法,运用好人民赋予的权力,积极倾听人民群众的呼声,关心人民群众的生活,成为人民信得过的好公仆,打造诚信政府的良好形象。政府诚信不仅是人民对于政府的信任,也包括政府对人民的信任。比如,加拿大政府对纳税问题,首先相信每个人的申报,退税款很快寄达每个人,但如果几十年后查到问题,会一起清算。政府这种"信任"态度使每个公民心里舒畅,而欺骗之人则会始终心中不安。我们的国家是中国共产党领导的社会主义国家,是人民的国家。作为国家领导者和管理者的中国共产党,只有忠诚地代表人民群众的利益,相信群众,依靠群众,建立和保持党和群众、党和其他社会团体的互相信赖的关系,中国才能安定和繁荣。如果广大人民不相信国家公职人员的政治品德,觉得他们都是为谋私才当官的,觉得他们所说和所做的都不是实事求是的,那么就绝对不会自觉地听从他们的领导和指挥。如果大部分人民不相信国家的法律是保护人民正当利益的,那么就不会心甘情愿地接受这种法律的约束。总之,如果失信于民,将造成人民群众的离心离德,就会危及人民政权。因此,我们可以说,那些弄虚作假、欺骗上级和群众、以权谋私的干部,是我们中国特色社会主义国家的最大敌人,是败坏人民政权、破坏社会主义政治秩序的罪魁祸首。

民信则立,民无信则不立;民信则安,民无信则危;民信则昌,民无信则亡。这是历史和现实生活实践告诉我们的真理。

以上对诚信的这几种划分并不是绝对的,它们紧密相连,构成了社会的诚信体系。它们在社会诚信体系中的地位和作用各不相同。

第三章　新时代的诚信体系建设

　　加强诚信体系建设是社会有序与社会和谐的基础,既是社会治理的环境要素,也是社会治理的直接目标。党的十八大提出了"加强政务诚信、商务诚信、社会诚信和司法公信建设"。《社会信用体系建设规划纲要(2004—2020 年)》指出,"我国社会信用体系建设虽然取得一定进展,但与经济发展水平和社会发展阶段不匹配、不协调、不适应的矛盾仍然突出。存在的主要问题包括:覆盖全社会的征信系统尚未形成,社会成员信用记录严重缺失,守信激励和失信惩戒机制尚不健全,守信激励不足,失信成本偏低;信用服务市场不发达,服务体系不成熟,服务行为不规范,服务机构公信力不足,信用信息主体权益保护机制缺失;社会诚信意识和信用水平偏低,履约践诺、诚实守信的社会氛围尚未形成,重特大生产安全事故、食品药品安全事件时有发生,商业欺诈、制假售假、偷逃骗税、虚报冒领、学术不端等现象屡禁不止,政务诚信度、司法公信度离人民群众的期待还有一定差距等"。针对以上的诚信问题,党和国家对诚信建设做出了一系列重要部署。2014 年,《社会信用体系建设规划纲要(2014—2020 年)》《关于推进诚信建设制度化的意见》先后发布;2016 年,《国务院关于建立完善守信联合激励和失信联合惩戒制度加快推进社会诚信建设的指导意见》《国务院关于加强政务诚信建设的指导意见》《国务院办公厅关于加强个人诚信体系建设的指导意见》相继出台。2017 年,中共中央、国务院印发的《中长期青年发展规划(2016—2025 年)》中,将推进青年信用体系建设、倡导和培育青年诚信品格纳入青年发展事业总体布局。具体来说,应从以下几个方面加强诚信建设:

一、个人诚信建设

　　"人无诚信不立。"个人是社会最基本的元素,是诚信关系的基本载体。可以说,诚信是个人安身立命之本,是做人的基本道德准则。孔子曰:"人而无信,不知其可也。"就是说:一个人不讲诚信,就不能立身处世。"一言九鼎""一诺千金"淋漓尽致地展现了我国传统文化对诚实守信的推崇。"家无诚信不宁。"人们都说家是人生旅途的港湾,不幸的是,有时诚信危机同样波及了家庭,使得一些人的港湾不再安宁。通过婚姻建立的家庭如要长久、和谐、稳定,需要夫妻双方以诚相待、精心呵护。假设夫妻双方缺乏诚信、彼此设防、相互猜忌,就会导致感情危机,甚至家庭破裂、婚姻失败。电影《手机》、电视剧《中国式离婚》让我们深切感受到了夫妻失信是致使婚姻死亡的"癌"细胞。大量诚信缺失事件的发生,表面上是经济问题,但究其深层原因,在于中国转型期社会道德秩序上的混乱和道德失范。为此,我们必须全面开展个人诚信建设。2016 年国务院办公厅公布的《关于加强个人诚信体系建设的指导意见》中指出:要"加强

个人诚信教育,加快推进个人诚信记录建设,完善个人信息安全、隐私保护与信用修复机制,规范推进个人诚信信息共享使用,完善个人守信激励和失信惩戒机制。"①

（一）加强个人诚信教育

1.大力弘扬诚信文化

将诚信文化建设摆在突出位置,以培育和践行社会主义核心价值观为根本,大力普及信用知识,制定颁布公民诚信守则,将诚信教育贯穿公民道德建设和精神文明建设全过程。加强社会公德、职业道德、家庭美德和个人品德教育,营造"守信者荣、失信者耻、无信者忧"的社会氛围。

2.广泛开展诚信宣传

结合春节、国际消费者权益日、劳动节、儿童节、网络诚信宣传日、全国信用记录关爱日、诚信兴商宣传月、国庆节、国家宪法日暨全国法制宣传日等重要时间节点和法定节假日,集中宣传信用政策法规、信用知识和典型案例。推动创作中华传统诚信文化与时代价值观相融合的诚信文艺作品、公益广告,丰富诚信宣传载体,增加诚信宣传频次,提升诚信宣传水平。

3.积极推介诚信典型

充分发挥媒体舆论宣传引导作用,大力发掘、宣传有关部门和社会组织评选的诚信道德模范、优秀志愿者等诚信典型。组织各类网站开设网络诚信专题,经常性地宣传推广各类诚信典型、诚信事迹,推出一批高质量的网络诚信主题文化作品,加强网络失信案例警示教育。支持有关部门和社会组织向社会推介诚信典型和无不良信用记录者,推动实施跨部门、跨领域的守信联合激励措施。

4.全面推广诚信教育

将诚信教育作为中小学和高校学生思想品德教育的重要内容。鼓励高校开设社会信用领域相关课程。积极倡导和培育诚信品格,争当"向上向善好青年",在引领社会文明风尚中发挥积极作用。支持有条件的高校院所开设信用管理相关专业。推动学校加强信用管理,建立健全18岁以上成年学生诚信档案,推动将学生个人诚信作为升学、毕业、评先评优、奖学金发放、鉴定推荐等环节的重要考量因素。针对考试舞弊、学术造假、不履行助学贷款还款承诺、伪造就业材料等不诚信行为开展教育,并依法依规将相关信息记入个人信用档案。

5.积极发展信用管理

建立健全信用管理职业培训与专业考评制度。加大对信用从业人员的培训力度,丰富信用知识,提高信用管理水平。鼓励各类社会组织和企业建立信用管理和教育制度,组织签署入职信用承诺书和开展信用知识培训活动,培育企业信用文化。组织编写信用知识读本,依托社区(村)等各类基层组织,向公众普及信用知识。

① 中国政府网 http://www.gov.cn/zhengce/content/2016-12/30/content_5154830.htm.

(二)推进个人诚信记录建设

1. 推动完善个人实名登记制度

以公民身份号码制度为基础,推进公民统一社会信用代码制度建设。推动居民身份证登记指纹信息工作,实现公民统一社会信用代码全覆盖。运用信息化技术手段,不断加强个人身份信息的查核工作,确保个人身份识别信息的唯一性。以互联网、邮寄递送、电信、金融账户等领域为重点,推进建立实名登记制度,为准确采集个人诚信记录奠定基础。

2. 建立重点领域个人诚信记录

以食品药品、安全生产、消防安全、交通安全、环境保护、生物安全、产品质量、税收缴纳、医疗卫生、劳动保障、工程建设、金融服务、知识产权、司法诉讼、电子商务、志愿服务等领域为重点,以公务员、企业法定代表人及相关责任人、律师、教师、医师、执业药师、评估师、税务师、注册消防工程师、会计审计人员、房地产中介从业人员、认证人员、金融从业人员、导游等职业人群为主要对象,有关部门要加快建立和完善个人信用记录形成机制,及时归集有关人员在相关活动中形成的诚信信息,确保信息真实准确,实现及时动态更新。金融信用信息基础数据库和个人征信机构要大力开展重点领域个人征信信息的归集与对应服务提供。鼓励行业协会、商会等行业组织建立健全会员信用档案。

(三)完善个人信息安全、隐私保护与信用修复机制

1. 保护个人信息安全

有关部门要严格按照规定建立健全并严格执行保障信息安全的规章制度,明确个人信息查询使用权限和程序,做好数据库安全防护工作,建立完善个人信息查询使用登记和审查制度,防止信息泄露。严格按照相关法律法规,加大对金融信用信息基础数据库、征信机构的监管力度,确保个人征信业务合规开展,保障信息主体合法权益,确保国家信息安全。建立征信机构及相关人员信用档案和违规经营"黑名单"制度。

2. 维护个人隐私

未经法律法规授权不得采集个人公共信用信息。加大对泄露、篡改、毁损、出售或者非法向他人提供个人信息等行为的查处力度。对金融机构、征信机构、互联网企业、大数据公司、移动应用程序开发企业实施重点监控,规范其个人信息采集、提供和使用行为。

3. 建立信用机制

建立个人公共信用信息纠错、修复机制,制定异议处理、行政复议等管理制度及操作细则。明确各类公共信用信息展示期限,不再展示使用超过期限的公共信用信息。畅通信用修复渠道,丰富信用修复方式,探索通过事后主动履约、申请延期、自主解释等方式减少失信损失,通过按时履约、志愿服务、慈善捐助等方式修复信用。

（四）完善个人守信激励和失信惩戒机制

1. 为优良信用个人提供更多服务便利

对有关部门和社会组织实施信用分类监管确定的信用状况良好的行政相对人、诚信道德模范、优秀志愿者，行业协会商会推荐的诚信会员，以及新闻媒体挖掘的诚信主体等建立优良信用记录，各级人民政府要创新守信激励措施，对具有优良信用记录的个人，在教育、就业、创业等领域给予重点支持，尽力提供更多便利服务；在办理行政许可过程中，对具有优良信用记录的个人和连续三年以上无不良信用记录的行政相对人，可根据实际情况依法采取"绿色通道"和"容缺受理"等便利服务措施。鼓励社会机构依法使用征信产品，对具有优良信用记录的个人给予优惠和便利，使守信者在市场中获得更多机会和收益。

2. 对重点领域严重失信个人实施联合惩戒

依法依规对严重危害人民群众身体健康和生命安全、严重破坏市场公平竞争秩序和社会正常秩序、拒不履行法定义务严重影响司法机关和行政机关公信力以及拒不履行国防义务等个人严重失信行为采取联合惩戒措施。将恶意逃废债务、非法集资、电信诈骗、网络欺诈、交通违法、不依法诚信纳税等严重失信个人列为重点监管对象，依法依规采取行政性约束和惩戒措施。在对失信企事业单位进行联合惩戒的同时，依照法律法规和政策规定对相关责任人员采取相应的联合惩戒措施，将联合惩戒措施落实到人。鼓励将金融信用信息基础数据库和个人征信机构采集的个人在市场经济活动中产生的严重失信记录，推送至全国信用信息共享平台，作为实施信用惩戒措施的参考。

3. 推动形成市场性、社会性约束和惩戒

建立健全个人严重失信行为披露、曝光与举报制度，依托"信用中国"网站，依法向社会公开披露各级人民政府掌握的个人严重失信信息，充分发挥社会舆论监督作用，形成强大的社会震慑力。鼓励市场主体对严重失信个人采取差别化服务。支持征信机构采集严重失信个人信息，纳入信用记录和信用报告。

二、重点领域的诚信建设

2014年6月，国务院下发了《社会信用体系建设规划纲要（2014—2020年）》，《纲要》围绕十八大提出的"政务诚信建设，商务诚信建设，社会诚信建设，司法公信建设"社会信用体系建设，做出了详细的规划。

（一）政务诚信建设

政务诚信是社会信用体系建设的关键，各类政务行为主体的诚信水平，对其他社会主体诚信建设发挥着重要的表率和导向作用。政务诚信建设是构建和谐社会能力的重要组成部分，是一项复杂的社会系统工程。因此，当前应该把加强政务诚信建设、提升政务诚信度作为提高

◎ 兰生幽宫，不为莫服而不芳；舟在江海，不为莫乘而不浮；君子行义，不为莫知而止休。——《淮南子·说山训》◎

政府行政能力的重要内容,并且作为政府管理创新的重要任务和紧迫任务,认真进行研究,并采取有效的措施加以解决。

1. 坚持依法行政

将依法行政贯穿于决策、执行、监督和服务的全过程,全面推进政务公开。要强化行政决策责任制,对因违反决策程序和决策失误给国家和群众利益造成重大损失的,必须追究部门主要领导和当事人的责任。同时,要全面推进政务公开,保障公民的知情权,增加政府工作的透明度,建立政府与公众对政府有关信息的互动回应机制,提高政府的反应能力和社会回应能力。切实提高政府工作效率和服务水平,转变政府职能。健全权力运行制约和监督体系,确保决策权、执行权、监督权既相互制约又相互协调。提升政府公信力,树立政府公开、公平、清廉的诚信形象。

2. 加快政府守信践诺机制建设

严格履行政府向社会做出的承诺,把政务履约和守诺服务纳入政府绩效评价体系,把发展规划的落实情况以及为百姓办实事的践诺情况作为评价政府诚信水平的重要内容,推动各地区、各部门逐步建立健全政务和行政承诺考核制度。

3. 加强公务员诚信管理和教育

建立公务员诚信档案,依法依规将公务员个人有关事项报告、廉政记录、年度考核结果、相关违法违纪违约行为等信用信息纳入档案,将公务员诚信记录作为干部考核、任用和奖惩的重要依据。深入开展公务员诚信、守法和道德教育,加强法律知识和信用知识学习,编制公务员诚信手册,增强公务员法律和诚信意识,建立一支守法守信、高效廉洁的公务员队伍。

（二）商务诚信建设

提高商务诚信水平是社会信用体系建设的重点,是商务关系有效维护、商务运行成本有效降低、营商环境有效改善的基本条件,是各类商务主体可持续发展的生存之本,也是各类经济活动高效开展的基础保障。商务诚信建设包括,一是生产领域信用建设。建立安全生产信用公告制度,完善安全生产承诺和安全生产不良信用记录及安全生产失信行为惩戒制度。二是流通领域信用建设。研究制定商贸流通领域企业信用信息征集共享制度,完善商贸流通企业信用评价基本规则和指标体系。三是金融领域信用建设。创新金融信用产品,改善金融服务,维护金融消费者个人信息安全,保护金融消费者合法权益。加大对金融欺诈、恶意逃废银行债务、内幕交易、制售假保单、骗保骗赔、披露虚假信息、非法集资、逃套骗汇等金融失信行为的惩戒力度,规范金融市场秩序。加强金融信用信息基础设施建设,进一步扩大信用记录的覆盖面,强化金融业对守信者的激励作用和对失信者的约束作用。四是税务领域信用建设。建立跨部门信用信息共享机制。开展纳税人基础信息、各类交易信息、财产保有和转让信息以及纳税记录等涉税信息的交换、比对和应用工作。五是价格领域信用建设。指导企业和经营者加强价格自律,规范和引导经营者价格行为,实行经营者明码标价和收费公示制度,着力推行"明

码实价"。六是工程建设领域信用建设。推进工程建设市场信用体系建设。加快工程建设市场信用法规制度建设,制定工程建设市场各方主体和从业人员信用标准。七是政府采购领域信用建设。加强政府采购信用管理,强化联动惩戒,保护政府采购当事人的合法权益。制定供应商、评审专家、政府采购代理机构以及相关从业人员的信用记录标准。八是招标投标领域信用建设。扩大招标投标信用信息公开和共享范围,建立涵盖招标投标情况的信用评价指标和评价标准体系,健全招标投标信用信息公开和共享制度。九是交通运输领域信用建设。形成部门规章制度和地方性法规、地方政府规章相结合的交通运输信用法规体系。完善信用考核标准,实施分类考核监管。十是电子商务领域信用建设。建立健全电子商务企业客户信用管理和交易信用评估制度,加强电子商务企业自身开发和销售信用产品的质量监督。推行电子商务主体身份标识制度,完善网店实名制。加强网店产品质量检查,严厉查处电子商务领域制假售假、传销活动、虚假广告、以次充好、服务违约等欺诈行为。十一是统计领域信用建设。开展企业诚信统计承诺活动,营造诚实报数光荣、失信造假可耻的良好风气。完善统计诚信评价标准体系。建立健全企业统计诚信评价制度和统计从业人员诚信档案。十二是中介服务业信用建设。建立完善中介服务机构及其从业人员的信用记录和披露制度,并作为市场行政执法部门实施信用分类管理的重要依据。重点加强公证仲裁类、律师类、会计类、担保类、鉴证类、检验检测类、评估类、认证类、代理类、经纪类、职业介绍类、咨询类、交易类等机构信用分类管理,探索建立科学合理的评估指标体系、评估制度和工作机制。十三是会展、广告领域信用建设。推动展会主办机构诚信办展,践行诚信服务公约,建立信用档案和违法违规单位信息披露制度,推广信用服务和产品的应用。

(三)社会诚信建设

社会诚信是社会信用体系建设的基础,是社会文明进步,实现社会和谐稳定和长治久安的保障。

社会诚信建设主要包括以下几个方面的内容。一是医药卫生领域信用建设。加强医疗卫生机构信用管理和行业诚信作风建设。树立大医精诚的价值理念,坚持仁心仁术的执业操守。制定医疗机构和执业医师、药师、护士等医务人员信用评价指标标准,加快完善药品安全领域信用制度,建立药品研发、生产和流通企业信用档案。二是社会保障领域信用建设。在救灾、救助、养老、社会保险、慈善、彩票等方面,建立全面的诚信制度,打击各类诈捐骗捐等失信行为。三是劳动用工领域信用建设。进一步落实和完善企业劳动保障守法诚信制度,制定重大劳动保障违法行为社会公示办法。建立用人单位拖欠工资违法行为公示制度,健全用人单位劳动保障诚信等级评价办法。规范用工行为,加强对劳动合同履行和仲裁的管理,推动企业积极开展和谐劳动关系创建活动。四是教育、科研领域信用建设。加强教师和科研人员诚信教育。开展教师诚信承诺活动,自觉接受广大学生、家长和社会各界的监督。发挥教师诚信执教、为人师表的影响作用。加强学生诚信教育,培养诚实守信良好习惯,为提高全民族诚信素质奠定基础。五是文化、体育、旅游领域信用建设。依托全国文化市场技术监管与公共服务平台,建立健全娱乐、演出、艺术品、网络文化等领域文化企业主体、从业人员以及文化产品的信用信息数据库。六是知识产权领域信用建设。建立健全知识产权诚信管理制度,出台知识产权保护信用评价办法。重点打击侵犯知识产权和制售假冒伪劣商品行为,将知识产权侵权行为信息纳入失信记录,强化对盗版侵权等知识产权侵权失信行为的联合惩戒,提升全社会的知识产权保护意识。七是环境保护和能源节约领域信用建设。推进国家环境监测、信息与统计能力建设,加强环保信用数据的采集和整理,实现环境保护工作业务协同和信息共享,完善环境信息公开目录。八是社会组织诚信建设。依托法人单位信息资源库,加快完善社会组织登记管理信息。健全社会组织信息公开制度,引导社会组织提升运作的公开性和透明度,规范社会组织信息公开行为。九是自然人信用建设。突出自然人信用建设在社会信用体系建设中的基础性作用,依托国家人口信息资源库,建立完善自然人在经济社会活动中的信用记录,实现全国范围内自然人信用记录全覆盖。十是互联网应用及服务领域信用建设。大力推进网络诚信建设,培育依法办网、诚信用网理念,逐步落实网络实名制,完善网络信用建设的法律保障,大力推进网络信用监管机制建设。

　　(四)司法公信建设

　　司法公信是社会信用体系建设的重要内容,是树立司法权威的前提,是社会公平正义的底线。

　　司法公信建设主要包括,一是法院公信建设。提升司法审判信息化水平,实现覆盖审判工作全过程的全国四级法院审判信息互联互通。发挥审判职能作用,鼓励诚信交易、倡导互信合作,制裁商业欺诈和恣意违约毁约等失信行为,引导诚实守信风尚。二是检察公信建设。进一步深化检务公开,创新检务公开的手段和途径,广泛听取群众意见,保障人民群众对检察工作的知情权、参与权、表达权和监督权。充分发挥法律监督职能作用,加大查办和预防职务犯罪力度,促进诚信建设。三是公共安全领域公信建设。全面推行"阳光执法",依法及时公开执法办案的制度规范、程序时限等信息。将公民交通安全违法情况纳入诚信档案,促进全社会成员交通安全意识的提高。定期向社会公开火灾高危单位消防安全评估结果,并作为单位信用等级的重要参考依据。将社会单位遵守消防安全法律法规情况纳入诚信管理,强化社会单位消防安全主体责任。四是司法行政系统公信建设。进一步提高监狱、戒毒场所、社区矫正机构管理的规范化、制度化水平,维护服刑人员、戒毒人员、社区矫正人员合法权益。大力推进司法行政信息公开,进一步规范和创新律师、公证、基层法律服务、法律援助、司法考试、司法鉴定等信息管理和披露手段,保障人民群众的知情权。五是司法执法和从业人员信用建设。建立各级公安、司法行政等工作人员信用档案,依法依规将徇私枉法以及不作为等不良记录纳入档案,并作为考核评价和奖惩依据。

三、推进诚信建设制度化

　　党的十八大以来,在党中央的正确领导下,全国人民积极推进社会信用体系建设,弘扬诚信理念,推广先进典型,开展专项整治,诚信建设取得积极进展。但是,诚信建设与人民群众期

望还有差距,与经济社会发展水平还不相适应。当前,我国正处于全面深化改革,加快推进社会主义现代化的关键时期,加强诚信制度化建设,对于完善社会主义市场经济体制,培育和践行社会主义核心价值观,推进国家治理体系和治理能力现代化,提升国家软实力和整体竞争力具有十分重要的意义。2016年国务院发布了《国务院关于建立完善守信联合激励和失信联合惩戒制度 加快推进社会诚信建设的指导意见》,《意见》中对于诚信建设制度化做出了详细的说明。

（一）健全褒扬和激励诚信行为机制

1. 多渠道选树诚信典型

将有关部门和社会组织实施信用分类监管确定的信用状况良好的行政相对人、诚信道德模范、优秀青年志愿者,行业协会商会推荐的诚信会员,新闻媒体挖掘的诚信主体等树立为诚信典型。鼓励有关部门和社会组织在监管和服务中建立各类主体信用记录,向社会推介无不良信用记录者和有关诚信典型,联合其他部门和社会组织实施守信激励。

2. 探索建立行政审批"绿色通道"

在办理行政许可过程中,对诚信典型和连续三年无不良信用记录的行政相对人,可根据实际情况实施"绿色通道"和"容缺受理"等便利服务措施。对符合条件的行政相对人,除法律法规要求提供的材料外,部分申报材料因不可抗力不齐备的,如其书面承诺在规定期限内提供,应先行受理,加快办理进度。

3. 优先提供公共服务便利

在实施财政性资金项目安排、招商引资配套优惠政策等各类政府优惠政策中,优先考虑诚信市场主体,加大扶持力度。在教育、就业、创业、社会保障等领域对诚信个人给予重点支持和优先便利。在有关公共资源交易活动中,提倡依法依约对诚信市场主体采取信用加分等措施。

4. 优化诚信企业行政监管安排

各级市场监管部门应根据监管对象的信用记录和信用评价分类,注重运用大数据手段,完善事中事后监管措施,为市场主体提供便利化服务。对符合一定条件的诚信企业,在日常检查、专项检查中优化检查频次。

5. 降低市场交易成本

鼓励有关部门和单位开发"税易贷""信易贷""信易债"等守信激励产品,引导金融机构和商业销售机构等市场服务机构参考使用市场主体信用信息、信用积分和信用评价结果,对诚信市场主体给予优惠和便利,使守信者在市场中获得更多机会和实惠。

6. 大力推介诚信市场主体

各级人民政府有关部门应将诚信市场主体优良信用信息及时在政府网站和"信用中国"网站进行公示,在会展、银企对接等活动中重点推介诚信企业,让信用成为市场配置资源的重要考量因素。引导征信机构加强对市场主体正面信息的采集,在诚信问题反映较为集中的行业领域，对守信者加大激励性评分比重。推动行业协会商会加强诚信建设和行业自律，表彰诚信会员，讲好行业"诚信故事"。

（二）健全约束和惩戒失信行为机制

1.对重点领域和严重失信行为实施联合惩戒

在有关部门和社会组织依法依规对本领域失信行为做出处理和评价基础上，通过信息共享，推动其他部门和社会组织依法依规对严重失信行为采取联合惩戒措施。重点包括：一是严重危害人民群众身体健康和生命安全的行为，包括食品药品、生态环境、工程质量、安全生产、消防安全、强制性产品认证等领域的严重失信行为。二是严重破坏市场公平竞争秩序和社会正常秩序的行为，包括贿赂、逃税骗税、恶意逃废债务、恶意拖欠货款或服务费、恶意欠薪、非法集资、合同欺诈、传销、无证照经营、制售假冒伪劣产品和故意侵犯知识产权、出借和借用资质投标、围标串标、虚假广告、侵害消费者或证券期货投资者合法权益、严重破坏网络空间传播秩序、聚众扰乱社会秩序等严重失信行为。三是拒不履行法定义务，严重影响司法机关、行政机关公信力的行为。四是拒不履行国防义务，拒绝、逃避兵役，拒绝、拖延民用资源征用或者阻碍对被征用的民用资源进行改造，危害国防利益，破坏国防设施等行为。

2.依法依规加强对失信行为的行政性约束和惩戒

对严重失信主体，各地区、各有关部门应将其列为重点监管对象，依法依规采取行政性约束和惩戒措施。从严审核行政许可审批项目，从严控制生产许可证发放，严格限制申请财政性资金项目。

3.加强对失信行为的市场性约束和惩戒

对严重失信主体，有关部门和机构应以统一社会信用代码为索引，及时公开披露相关信息，便于市场识别失信行为，防范信用风险。督促有关企业和个人履行法定义务，对有履行能力但拒不履行的严重失信主体实施限制出境和限制购买不动产、乘坐飞机、乘坐高等级列车和席次、旅游度假、入住星级以上宾馆及其他高消费行为等措施。支持征信机构采集严重失信行为信息，纳入信用记录和信用报告。引导商业银行、证券期货经营机构、保险公司等金融机构按照风险定价原则，对严重失信主体提高贷款利率和财产保险费率，或者限制向其提供贷款、保荐、承销、保险等服务。

4.加强对失信行为的行业性约束和惩戒

建立健全行业自律公约和职业道德准则，推动行业信用建设。引导行业协会商会完善行业内部信用信息采集、共享机制，将严重失信行为记入会员信用档案。

5.加强对失信行为的社会性约束和惩戒

充分发挥各类社会组织作用，引导社会力量广泛参与失信联合惩戒。建立完善失信举报制度，鼓励公众举报企业严重失信行为，对举报人信息严格保密。支持有关社会组织依法对污染环境。

6.完善个人信用记录,推动联合惩戒措施落实到人

对企事业单位严重失信行为,在记入企事业单位信用记录的同时,记入其法定代表人、主要负责人和其他负有直接责任人员的个人信用记录。在对失信企事业单位进行联合惩戒的同时,依照法律法规和政策规定对相关责任人员采取相应的联合惩戒措施。通过建立完整的个人信用记录数据库及联合惩戒机制,使失信惩戒措施落实到人。

中 篇

天地之间：诚信事

古往今来，诚信、守诺、践约、无欺，不仅是人的立身之本，更是人类社会得以存在、维系与发展的前提。从鞠躬尽瘁、威德咸孚的诸葛丞相执着于匡复大计，到笔诤时政、心系苍生的鲁迅以其诚信对中华民族的性格进行剖析；从泱泱大国在发展中以诚信为本成就伟业，到普通百姓在生活中以执着的信念劳动、创造、奉献，无不述说着人类社会"重诺守信"的传统美德……

第四章　诚信之花

古语云：索物于暗室者，莫良于火；索道于当世者，莫良于诚。

将诚信比作"宝剑"，意指它在人际交往中所向披靡，它可以为你开山铺路，建立城墙。假如没有了这暗室的火把、当道的良药，我们的世界将失去绿洲，最后我们每一个人都会困死在生命的沙漠里。因此，重视起来，重建信任，乃当务之急。

诚信是一轮朗耀的圆月，唯有与高处的皎洁对视，才能沉淀出对待生命的真正态度；诚信是一枚凝重的砝码，放上它，生命便不会摇摆不定，天平立即稳稳地倾向一端；诚信是高山之巅的水，能够洗尽浮华，洗尽躁动，洗尽虚诈，留下启悟心灵的妙谛。坚守诚信，生命在俯仰之间即成永恒……

一、感悟诚信

诚信，人类的美德，支撑起道德之舟的龙骨。

中国古时有个叫尾生的人，堪称古代社会诚信的典范。他与相爱的女人相约在桥下见面，突然大雨如注，河水持续上涨，却不见那女人到来，尾生坚守信约，始终在桥下苦苦等候，河水越涨越高，他坚守桥下，用力抱住桥柱不放，不忍离去，直至被上涨的河水淹死。这就是中国传统文化中有名的抱柱之信的典故。

恋爱中情人间的海誓山盟、信誓旦旦，是双方对诚信的共同约定；商人经商时的童叟无欺、价廉质优，是对诚信的信守；国与国之间的诚信，是两国和平相处的基础；人与人之间诚信度的高低，显示出一个人道德品质的高下；幸福美满的婚姻，也是建立在诚信基础之上的。

《郁离子》中记载了一个因失信而丧生的故事：有个商人过河时船沉了，他大声呼救，有个渔夫闻声而至。商人急忙喊："我是大富翁，你若能救我，给你100两金子。"被救上岸后，商人却只给了渔夫10两金子。渔夫责怪他不守信，商人却说："你一个打鱼的，一生都挣不了几个钱，得了10两金子还不满足吗？"

不料想后来那富翁又一次在原地翻船了。有人欲救，那个曾被他骗过的渔夫说："他就是那个说话不算数的人！"于是，没人愿意救他，商人淹死了。

诚信，实质上是履行实现一种无形而又有形的承诺、一种约定、一种契约、一纸协议。有时是单边的，有时是双边甚至是多边的。诚信是一种有强烈质感的责任，是黄金般沉重而珍贵的信赖。

诚信给人带来信誉、成功、自尊、自信；诚信给人带来欢乐、幸福、甜蜜、富裕。胸怀诚信，讲究诚信，走遍天下，五湖四海皆朋友；失去诚信，自掘深渊，寸步难行，闹市乡野无故人。

真正做到诚信，有时会遇到极大的困难，做出极大的付出，甚至付出巨大的代价与牺牲；一日做到诚信容易，一辈子始终诚信如一却很难。美好的人生，美好的生活，美好的心情，都离不开诚信。

科学、爱情、民意、名利、逆境是检验诚信的试金石。

做人，当以诚信为本，方显出人格的魅力与风采。

点评：诚信是每个人心中的一杆秤，它无形却胜似有形，称量着每个人的责任尺度，衡量着每个人的道德品质。

二、呼唤诚信

生活如酒，或芳香，或浓烈，或馥郁，因为诚实，它变得醇厚。

生活如歌，或高昂，或低沉，或悲戚，因为守信，它变得悦耳。

生活如画，或明丽，或黯淡，或素雅，因为诚信，它变得美丽。

生活如书，书中的字要我们用诚信认真去写，我们的生活要我们用诚信去呵护。

我们都渴求理解，高呼着"理解万岁"。抱怨为何这世上没有人真正懂我，殊不知，我们忽略了一个很大的问题，理解需要有诚信做后盾。如果一个人总是说谎，抑或他从未履行过他的诺言，那么他会得到别人的理解吗？当然不会。没有真诚的感情支撑起那一方友情的天空，去耕耘那一方理解的沃土，我们的生活怎会美丽多彩？

古代有个人叫蔡璘，字勉旃，吴县人。他很注重诺言和责任，对情谊很忠厚、笃实。有一位朋友将很多钱寄放在他那里，没有立字据。没有多久，这位朋友就死了。蔡璘告知那人的儿子来，要把钱还给他。那人的儿子感到惊讶不肯接受，说：怎么会有寄放那么多钱却不立字据的人呢？况且，我的父亲也没有告诉过我这件事呀。蔡璘笑着说："字据立在心中，不是立在纸上。你父亲以我为知己，所以没有告诉你。"于是便用车子把钱运到那人家中。"券在心，不在纸。"蔡璘做人重情谊，守信义，受后人敬仰。

打碎花瓶敢于承认错误的列宁成为俄国革命的伟大领袖；打碎别人玻璃，诚实地承认并保证归还父亲赔玻璃的钱的里根成了美国的总统。环顾四邻，随处可见"信誉第一"的招牌。诸多事例中我们不难看出诚信的重要作用。因为诚信，生活中少了欺诈、多了理解；因为诚信，生活中多了笑容、少了仇视；因为诚信，生活中多了友善、少了漠然。

漫漫人生旅途需要我们脚踏实地走好每一步，沿途采摘成功的浆果或是遭遇失意的荆棘，都莫忘了诚信。许多年后，当我们觉得真的达不到"理解万岁"的时候，我们会蓦然发现，原来那如嫩芽般绽放在枝头的诚信更值得珍惜。诚信不代表傻气，它意味着我们愿意用一颗真诚的心来对待生活。

让我们用自己的手，将人生这部大书写好，让我们以诚信作催化剂、作五线谱、作调色板，使我们生活的酒更醇，歌更好，画更美。

点评:人生的美好,需要诚信作为沃土。诚信是打开人类互通交流的宝贵钥匙。我们看到的世界是怎样的,取决于我们用怎样的心灵去看。

三、选择诚信

诚信是一粒负载道德力量的种子,当你用热情的双手把这粒种子播撒在心灵土壤的时候,就会在精神领地里生长出一株株绿色幼苗,只要精心浇灌和培育,便会在风吹雨打中长成参天大树,开出艳丽花朵,结满累累硕果。这绿荫曾经使多少人从中得到潜移默化的启迪和感悟,这花朵曾经使多少人的心灵由黯然变得亮堂,这果实曾经使多少人的精神世界由枯燥变得丰富。

精诚所至金石为开。文王请姜太公出山,诚心诚意;刘备三顾茅庐,诚意十足;萧何月下追韩信,靠的也是诚。

诸葛亮四出祁山,所率兵马10万余人,对手司马懿有精兵30万。祁山对阵,正在这紧要关头,军中却有1万人因服役期满,需卸甲归乡。少了这1万人,蜀军实力大减不说,军心都要受到影响。此时,期满的士兵也满心愁苦,生怕不能顺利回乡与亲人团聚。这时,有人向诸葛亮建议,让这1万人打完仗再回去。可诸葛亮却说:"治国治军以信义为本。士兵们归心似箭,心也不在军营,况且家中尚有亲人相待,作为主帅,又怎能失信呢?"于是,诸葛亮下令,这1万老兵按时回乡。此令一出,老兵们几乎不敢相信,个个感动不已,随后决定留下不走了。此时,蜀军上下一心,士气大振,将士们个个奋勇杀敌,在形势不利于己的情况下大败魏军。

诚信是从政为官必备的品德和修养,唯其诚信才能始终保持纯洁清廉、一尘不染的气节和操守。诸葛亮身患重病,躺在战营大帐的床榻上给后主写遗表说,他去世之后,不许家里有剩余的绸缎,也不许在外面有财产。包拯在《遗训》中说过,后世子孙有贪赃枉法的人,不许再进包家大门。"政声人去后,民意闲谈时",我国历来的官仕人物都十分看重"人去后"留下的美好"政声",特别是"生则天下歌,死则天下哭"的民心民意。为官一任,不论权位高低,倘若能满腔赤诚、脚踏实地为老百姓谋福利办实事,心里始终装着老百姓的冷暖疾苦,即使年老卸任甚至死后也能永远在老百姓的心中留下美好的"政声"。

共产党人具有更宽阔的胸怀、更崇高的境界。周恩来勤政爱民,生而无后,去不留财,人逝德风永存。朱德临别时对女儿朱敏说:"我没有什么遗产遗物,只有读过的马列和毛主席著作,你们拿去好好学习。"这就是先辈留给我们比任何财富都贵重的真诚品格。

生活的海洋因为闪耀着一朵朵诚信的浪花才显得宽阔豪迈,奔腾激越。诚信渗透到社会生活的方方面面,映照着丰富人生的点点滴滴。诚信是一种情操和风范,是一种气度和力量。我们的祖先历来重视"和",崇尚"和",主张"和为贵","和"的基础和前提就是诚信。维系社会政治、经济发展和各项事业进步的各级政府职能部门,倘若上下级之间、同级之间竭诚相见,就能凝聚各方力量,团结一致跨步前进;倘若部门之间、同事之间坦诚相待,就能减少不必要的繁文缛节,少一些门难进、脸难看、事难办的推诿扯皮,而多一些春风扑面、爽快利落的求真务实;

倘若党群之间、干群之间以诚相待、以心换心,各级党员干部坚持以人民利益为重,俯下身子投入到加快一方发展、致富一方群众的事业当中,老百姓就会得到更多实惠,基层组织和党员干部就会得到老百姓的衷心拥护和爱戴。

诚信的眼里容不得半点虚伪的沙粒。因为虚伪常常和心术不正、尔虞我诈结伴而行。生活中总有一些利欲熏心的不法之徒变换着招数进行坑蒙拐骗的拙劣表演,假信息、假广告、假招聘、假医生等引发的欺诈行为和骗局,让很多善良的人们防不胜防;假种子、假农药坑农害农屡见不鲜,令人发指;假烟、假酒、假饮料、有毒米面、假奶粉等假冒伪劣商品成为老百姓身心健康的最大隐患;盗版书刊及光盘等传播黄赌毒害的渠道屡禁不绝,贻害无穷;更为可悲的是,许多人就处在制假、售假和买假的链环上,一方面被别人制售的假冒伪劣商品所坑害,另一方面自己也出售假货去蒙骗他人。痛骂制售假酒的人可能正是制售假服装的人。当商人们的利润空间普遍不是通过科技进步和提高劳动生产率来获得,而是以次充好、以假装真来降低成本从而牟取非法利润时,这个社会的诚信体系必然遭到严重的践踏。

诚信是酒,越陈越香。尽管生活中不乏多年好友翻脸断交之事,但人们凭经验还是觉得,一个交了十几年的诚实守信的朋友比一个刚认识几个月的朋友更让人放心。用勤劳的双手播种诚信,用殷勤的汗水浇灌诚信,用无私的行动培育诚信,用高尚的精神坚守诚信,让诚信在人们的灵魂深处发芽、生根、开花、结果!

点评:诚信需要人们精心呵护培养,诚信是生长在诚实、信赖土壤里的花朵,用道德浇灌,用责任为它撑起一片蔚蓝,让它远离虚假、欺骗的侵袭。

四、拥有诚信

诚实守信是中华民族的优良传统,它使我们的社会至真、至美、至纯、至爱。诚信失缺,道德失范,世间无数的美就将被捣毁、被散落,欺诈之风就会向人间吹来,吹走人间的真善美,吹来世间丑邪恶。当今,在竞争激烈的条件下,由于受利益的驱使,诚信成了人们最容易忽视、最容易抛弃的美德,而少数人见利忘义,缺少了诚信甚至陷入了诚信危机。曾有人这样说过:"天使的翅膀碎了,落到人间,成了我们的忧伤;诚信的背囊抛了,散到世上,成了撒旦的魔杖。"

诚信是一种美德,更是一种品质。君子养心莫于诚,至诚则无他事矣。

从前,有一位宽厚仁慈的国王。他没有子嗣,眼看自己一天天老去,他决定在王城内挑选一位品性卓越的孩子来继承王位。

告示贴出后,孩子们纷纷被家长送入宫。国王拿出许多花籽分给每一个孩子,说:"谁能用它培育出最美丽的鲜花,就是我的继承人。"

一转眼,国王规定的日子到了。这一天,每一个孩子手里都捧着五颜六色美丽的鲜花,准备等待国王的挑选。但是国王看都不看他们一眼,径直来到一位哭泣的小孩面前,原来他的花

盆里是空的。

国王问,你为什么捧着空花盆?为什么哭啊?

小孩说:"我每天回家努力地浇水、施肥、松土,细心地照顾,用了很多种办法,可是种子就是没有发芽。"

国王听了他的话,开心地握住他的手说,好孩子,你就是我要找的继承人。我发给大家的种子都是煮熟的,根本开不了花。你已经给我带来了最美的鲜花,那就是你的诚实。

诚实做人、真诚待人,不欺诈、不隐瞒、不作秀,是我们发掘和创造人间之美的必备品质。只要多一份真诚,多一点信任,就能踏着一方诚信的净土,沐浴缕缕诚信的清风,感受浓郁诚信的气息,用诚信浇灌出人生最美丽的花朵,筑起固若金汤的人生高墙;用诚信的力量点燃心灵的火炬,照亮世间每一个角落;用诚信唤起美好的人间真情,融化每一寸坚冰;用诚信培养美好的意志,征服人生艰险,铺平人生坎坷,奉献人生之爱,构建诚信和谐社会。

抛弃了诚信,虚伪就将充斥美好的生活,驱走人间的绚丽多彩,丑恶就会粉墨登场、弥漫人间、熏昏头脑、腐蚀思想。诚信是金,诚信是美,重拾诚信、呼唤诚信,让诚信照亮人间、充盈人生,使人们多一份爱心,少一点痛苦,多一份美丽,少一点忧愁,多一分力量,少一点阻力,快乐地享受生活,享受劳动,享受创造,享受人生。

点评: 诚信之美,在于它保持了人性最初的"真善美",即如白纸般无瑕疵的纯洁,展开就是一览无余的真诚闪亮。

五、坚守诚信

有这样一则故事:一个年轻人在漫漫人生路上经历了长途跋涉,到达一个渡口的时候,他身上已经有了七个背囊:美貌、金钱、荣誉、诚信、机敏、健康、才学。渡船开出的时候风平浪静,过了不知多久,风起浪涌,上下颠簸,险象环生。老艄公对年轻人说:"船小,负载重,客官你必须丢掉一个背囊,才可安全到达。"看年轻人不肯丢掉任何一个,老艄公又说:"有弃有取,有失有得。"年轻人想了想,把"诚信"丢到水里。

被年轻人丢到水里以后,"诚信"拼命地游着,最后来到一个小岛上。"诚信"就躺在沙滩上休息,心里计划着等待哪位路过的朋友允许他搭船,救他一命。

突然,"诚信"听到远处传来一阵阵欢乐轻松的音乐。于是他马上站起来,向着音乐传来的方向望去。他看见一只小船正向这边驶来,船上有面小旗,上面写着"快乐"二字,原来是快乐的小船。"诚信"忙喊道:"快乐快乐,我是诚信,你拉我上岸可以吗?"快乐一听,笑着对诚信说:"不行不行,我一有了诚信就不快乐了。你看这社会上有多少人因为说实话而不快乐,对不起,我无能为力。"说罢,"快乐"走了。过了一会儿,"地位"来了。"诚信"忙道:"地位地位,我是诚信。我想搭你的船回家可以吗?""地位"忙把船划走了,回头对"诚信"说:"不行不行,你诚信可不能搭我的船,我的地位来之不易.有了你这个诚信我岂不倒霉,并且连地位也难保住啊!""诚信"很失望地看着"地位"的背影，眼睛里充满了不解和疑惑。他又接着等。

随着一阵有节奏的并不和谐的声音传来，"竞争"们乘着小船来了。诚信喊道："竞争竞争，我能不能搭你的小船一程。""竞争"们问道："你是谁？你能给我们多少好处？""诚信"不想说，怕说了又没人理，但"诚信"毕竟是诚信，他说："我是诚信……""你是诚信啊，你这不是成心给我们添麻烦吗？如今竞争这么激烈，我们怎么敢要你？"言罢，扬长而去。

正当"诚信"感到近乎绝望的时候，一个慈祥的声音从远处传来："孩子，上船吧！"一个白发苍苍的老者在船上掌着舵道："我是时间老人。""那您为什么要救我呢？"老人微笑着说着："只有时间才知道诚信有多么重要！"

在回去的路上，时间老人指着因翻船而落水的"快乐""地位""竞争"，意味深长地说："没有诚信，快乐不长久，地位是虚假的，竞争是失败的。"

点评：很多人都在纷扰的凡世、充满诱惑的利益面前丢弃了诚信。其实，诚信并不是前进的绊脚石，时间证明，诚信帮助人们走得更远、更稳健。

六、维护诚信

有一名华人学生在德国留学，毕业时成绩很优异。他在德国四处求职，拜访过很多家大公司，全部被拒绝。最后他狠心咬咬牙，收起高才生的架子，选了一家小公司去求职，心想，无论如何这次再也不会被有眼无珠的德国佬赶出门啦。

结果，小公司虽然小，仍然和大公司一样有礼貌地拒绝了他。高才生忍无可忍，终于拍案而起："你们这是种族歧视！我要控……"对方没有让他把话说完，低声告诉他："先生，请不要大声说话，我们去另外的房间谈谈好吗？"

他们走进无人的房间，德国佬请愤怒的留学生坐下，为他送上一杯茶水，然后从档案袋里抽出一张纸，放在他面前。留学生拿起看了看，是一份记录，记录他乘公交车曾被抓住过三次逃票。他很惊讶，也更加气愤：原来就是因为这么点鸡毛蒜皮的事，小题大做！

讲述这件事的是一位知名学者，讲到这里时他说，德国人抽查逃票一般被查出的概率是万分之三，也就是说，你逃票一万次才可能被抓住三次。这位高才生居然被抓住了三次逃票，在严肃严谨的德国人看来，大概那是永远不可饶恕的。

当初听见这件事时，只是想我们这位留学生不该贪小便宜以致因小失大。直到最近，不断听人说起，国际经济应是诚信经济，似乎才明白了德国人为什么把那件逃票的小事看得那么重要。一个人在三毛两角的蝇头小利上都靠不住，你还能指望在别的事情上信赖他吗？一旦受到金钱美女的诱惑，他难道就不会出卖你，不会出卖公司的利益吗？一旦将银行的钱借给了他，你还能找到他吗？一旦签了合同，你还能相信他会不折不扣地履行合同吗？

一个人的信誉、人格当然要靠自觉去维护，但如果全凭自觉，怕是很难，其结果可能是越来越放纵，而放纵的结果是"卑鄙是卑鄙者的通行证"。而真正自觉的人只能越来越吃亏，所以一

味强调自觉只能说明这个社会还不成熟,还太软弱。

还听人说过,在新加坡机场看见过我们的同胞拿着机票没有登上飞机,因为有证据表明,他借阅的图书还没有归还图书馆。而那些曾经在新加坡有过劣迹的,只要他还用自己的真名,他就别想再踏上那片国土,因为他从前的行径都已经记录在案,有关部门随时都可以查到。

一个成熟的社会,一个有力量的社会,不但要考察每一个人,而且还要为他们建立必要的档案,这个必要的档案并不是黑档案,而是能够向有关方面证实你的可信度的。这样,银行才可以借钱给你,商人才敢跟你做生意,别人才能与你合作,公司才好聘用你。当然,你也可以分期付款购房购物……只要有证据表明你是位信誉良好的人,信誉就是你的通行证,你就可以受人尊敬地通行于这个文明社会。如果你不讲信誉呢?只要你敢借钱不还,或者你敢乘车逃票,撕毁合同,偷税漏税,化公为私,说谎骗人,总之,只要你敢有一次不讲信誉,你就会上了缺乏诚信者的黑名单,你就会失去许许多多的机会,银行当然不可能再借钱给你,再没有人愿意跟你合作,邻居都要躲着你,哪家公司都不愿意雇用你,自然也就没人愿意跟你做朋友,你在这个文明社会就难以立足。

只有当这个社会不但有舆论而且有能力惩治那些没有诚信的人时,这个社会才是健全的,我们才能依赖它,我们才能够真正地参与到国际经济之中去。

点评:诚信就像一面镜子,折射出一个人的品性,映照出一个人的人生。人生有很多条道路,诚信就是通行证,当你透支了它,上了诚信的黑名单,那能走的道路就会越来越少,直至寸步难行。

七、收获诚信

诚信,是友谊的必备条件。诚信,是人类文明的阶梯,是填补人类间隔的碎石。它犹如一把钥匙,打开你我心门上的锁,沐浴友谊的阳光;又如一座桥梁,沟通你我的心灵,传递真善美的声音。古今中外,那些坚不可摧的友谊无不建立在诚信这块基石之上,如共同为无产阶级创造伟大思想武器的马克思和恩格斯,如同古时对朋友推心置腹,以诚相交的管仲和鲍叔牙……诚信令彼此心灵无瑕,友谊长存。

诚信,是一个人立足社会的先导。"人无信不立",承诺他人之事定须尽心尽力;若非力之所及,不可随性应允且无力担当,失信于人。曾任美国总统的华盛顿说过:"一定要信守承诺,不要去做力所不及的事情。"不要为哗众取宠来承担一些力所不及的工作,从而轻易承诺,却不能如约履行。如此这般,很容易失去别人的信任。毋庸置疑,华盛顿能够成就总统的伟大功绩,少不了诚信这一优良品质的功劳。

诚信,是人生路途中的第一准则。诚实守信是一种自我约束的品质,是做人之根本,就像人生航船的楫桨,控制着人生的去向。假如失却诚信,便注定是一个失败者,难以立足于世。

年幼的华盛顿斧砍樱桃树的故事众人皆知,因为他父亲"要做个诚实的孩子"的严厉教诲,才成就了他在政坛上的辉煌一生,也激励着无数后人。

明朝著名的学者宋濂少年时特别热爱读书,但是家境贫寒买不起书,他就向别人借书抄录,每次借书,必准时归还,赢得信任。某日正逢寒冬腊月,滴水成冰,而宋濂依然不惧严寒,伏案抄书。母亲心疼他,说道:"别人不急着看这本书,缓缓再说。"而宋濂却答:"到期就一定要归还,说话不算数就会失信于他人。"言而有信、诚信求学的宋濂凭借刻苦奋发的精神和以信立身的操守终成一代学者。

人生像一碗清水,以诚信涤荡尘埃,方可护佑清水常清。世间万象变幻,心意遁形,坚守信仰,坚定内心,始终与诚信同行,才会令心灵永葆净土。

点评:诚信是道路,随着开拓者的脚步而延展;诚信是智慧,随着博学者的求索而积累;诚信是成功,随着奋进者的拼搏而临近。

第五章 做人之本

诚信是言行操守的统一,是贾谊所赞扬的"言行抱一谓之贞";诚信是一支雄师百战百胜的动力,是《韩非子·外储说右上》里告诫的"信赏必罚,其足以战";诚信是男女之间眉间心上、地久天长的诺言,是《诗经·卫风·氓》中描写的"信誓旦旦,不思其反";诚信是商家经营的根本,是《易·中孚》中描述的"信及豚鱼"的境界。

东汉许慎在《说文解字》中说:"信,诚也,从人从言。""诚,信也,从言成声。""诚"与"信"互通、互训,无论古圣先贤,抑或时代骄子,都将诚信作为最重要的道德品质和知行准则。世界上,不同国家的人们对诚信都是肯定和赞赏的,《古拉尔箴言·德行篇》就有"君子以诚信为明灯,它能消除心灵的黑暗"的精辟概述。这种不拘泥于文化、地域的特性,令诚信具有永恒的普适价值,在人类发展的历程中闪烁绚烂的光芒,呈现出勃勃生机。

一、毛泽东还债

1920 年前后,中国革命正在血雨腥风中艰难求索。毛泽东为筹备中国共产党的成立、发动湖南的革命运动及资助一部分同志去欧洲勤工俭学,急需一笔数量较大的款子。毛泽东去上海找到章士钊,请他帮忙。章士钊立即答应,随后发动了社会各界名流捐款。由于章士钊的影响和努力,最后一共筹集了两万银圆,全部交给了毛泽东。毛泽东喜出望外,当即表示,这笔钱是为革命借的,待革命成功,有借必还。

历史的长河一泻千里,弹指一挥间,四十多年过去了,毛泽东成了中国人民的伟大领袖。1963 年初的一天,毛泽东与章含之讲起跟其父的一些往事。毛泽东对章含之说:"你回去告诉行老,我从现在开始还他这笔欠了近五十年的债,一年还两千元,十年还完两万。"章含之回去告诉父亲。章士钊哈哈大笑说:"确有其事,主席竟还记得!"章士钊和女儿都未想到,几天之后,毛泽东果真派徐秘书送上第一个两千元,并说今后每年春节送上两千元。章士钊感动了:历经四十多年的往事,主席还铭记在心?他忙让女儿去转告主席:当时的银圆是募捐来的,这钱"不必还"。但毛泽东始终坚守"与朋友交,言而有信"的古训,每年大年初二这天,他都从自己的稿费中拿出两千元,派徐秘书送给章士钊,一直到 1972 年送满累计两万元。

1973 年的春节过后不久,毛泽东问章含之送给他父亲的钱送去没有?章含之答:"今年没有送。"毛泽东问:"为什么?"章含之说:"主席忘了,当年说定十年分期偿还,还足两万。去年已是最后一笔,主席当年借的两万已还清了。"毛泽东笑了,并说:"哪里能真的十年就停! 你回去告诉行老,从今年开始还利息。五十年的利息我也算不清应该多少。就这样还下去,行老只要健在,这个利息是要还下去的。"

1973 年,章士钊与世长辞;1976 年,毛泽东巨星陨落。但毛主席"还钱付息"的故事却一直流传了下来。

点评:宋代袁采《袁氏世范》卷二有云:有所许诺,纤毫必偿。有所期约,时刻不易。毛泽东信守承诺,言出必行,真诚待人,以诚立身,这种高尚的人格魅力与他开创的丰功伟绩一样令人赞叹,也正是这样的一种为人和道德,令人对他所创造的卓越功勋更加敬佩和感激。

二、林肯的伟大

1809 年 2 月 12 日,亚伯拉罕·林肯出生在一个农民的家庭。

小时候,家里很穷,他没机会上学,每天跟着父亲在西部荒原上开垦、劳动。他自己说:"我一生中进学校的时间,加在一起总共不到一年。"但林肯勤奋好学,一有机会就向别人请教。即使没钱买纸、笔,他放牛、砍柴、挖地时怀里也总揣着一本书,休息的时候,一边啃着粗硬冰凉的面包,一边津津有味地看书。晚上,他在小油灯下常读书到深夜。

长大后,林肯离开家乡独自一人外出谋生。他什么活儿都干,打过短工,当过水手、店员、乡村邮递员、土地测量员,还干过伐木、劈木头的重力气活儿。不管干什么,他都非常认真负责,诚实而且守信用。他十几岁时当了村里杂货店的店员。有一次,一个顾客多付了几分钱,他为了退这几分钱跑了十几里路。还有一次,他发现少给了顾客二两茶叶,就跑了几里路把茶叶送到那人家中。

1831 年 6 月的一天,他和几位水手来到美国南方城市新奥尔良的奴隶拍卖市场上,他们看到,一排排黑人奴隶戴着脚镣手铐站在那里,他们都被一根根粗壮的绳子串在一起。奴隶主们像在买马一样仔细打量奴隶,有时还走上前摸摸奴隶的胳膊,拍拍奴隶的大腿,看奴隶是不是结实、肌肉发达,将来干活有没有力气。奴隶主们用皮鞭毒打黑奴,还用烧红的铁条烙他们。当时,年轻的林肯愤怒地说:"太可耻了! 等我有机会,一定要把这奴隶制度彻底打垮。"

1834 年,25 岁的林肯当选为伊利诺伊州议员,开始了他的政治生涯。1836 年,他又通过考试当上了律师。成为律师以后,由于他精通法律,口才很好,在当地很有声望,很多人都来找他帮着打官司。但是他为当事人辩护有一个条件,就是当事人必须是正义的一方。许多穷人没有钱付给他劳务费,但是只要告诉林肯:"我是正义的,请你帮我讨回公道。"林肯就会免费为他辩护。

一次,一个有钱人请林肯为他辩护。林肯听了那个客户的陈述,发现那个人是在诬陷好人,于是就说:"很抱歉,我不能替您辩护,因为您的行为是非正义的。"那个人说:"林肯先生,我就是想请您帮我打这场不正义的官司,只要我胜诉,您要多少酬劳都可以。"林肯严肃地说:"只要使用一点点法庭辩护的技巧,您的案子很容易胜诉,但是案子本身是不公平的。假如我接了您的案子,当我站在法官面前讲话的时候,我会对自己说:'林肯,你在撒谎。'谎话只有在丢掉良心的时候,才能大声地说出口。我不能丢掉良心,也不可能讲出谎话。所以,请您另请高明,

我没有能力为您效劳。"那个人听了，什么也没说，默默地离开了林肯的办公室。

1860 年，林肯 51 岁时在美国总统竞选中获胜，成为美国第 16 任总统，也是首位共和党籍总统。在其任内，林肯通过南北战争击败了南方分离势力，废除了奴隶制度，实现了他早年的誓言，维护了国家的统一，他也因其高尚的品德和人格魅力成为美国历史上最受爱戴的总统之一。

点评：俗话说，君子一言驷马难追。修身处世，以诚为先，诚信不仅是一个人立身之基，令人坚毅、忠贞、谦和、豁达，更如一盏明灯始终照亮指引人生的航程。在林肯的心中，一定有一座这样的灯塔，令他不忘初心、始终如一、坚守理想，最终成就了他的伟大。

三、晏殊：巧伪不如拙诚

《梦溪笔谈》里记载了一个未成年人诚信应考的故事。这个未成年人就是写下"无可奈何花落去，似曾相识燕归来"的晏殊。

《宋史》有记载，晏殊天资聪慧，5 岁便能写诗作文，有"神童"之称，但最后真正令他成为宰相的关键品质之一在于诚实。

晏殊未成年时，有人把他推荐给朝廷，正值进士考试，皇帝将他召到朝堂之上，让晏殊和一千多个人一同应试。晏殊看到题目后，就对考官说，这个题目我十天前刚好做过了，文章的草稿还在，请另外出题吧！另出考题以后，晏殊神色不易，挥笔即成。宋真宗十分喜欢他的才华和诚实不隐瞒，赐"同进士出身"。

后来，晏殊入朝办事。当时，天下无事，皇帝容许百官各择胜景之处宴饮，朝臣士大夫们各自饮宴欢会，以至于酒楼和小酒馆都大设帷帐，成为大家宴饮游乐的场所。晏殊当时很穷，没钱出门游玩宴饮，就在家里与兄弟们相互论理、讲习诗书。

一天，皇帝在宫中给太子选讲官，忽然御点晏殊上任。执政大臣不知为什么会选中晏殊，第二天请求复核一下命令，皇帝说："听说，最近馆阁大臣们都喜欢嬉游宴饮，通宵达旦，沉醉其中，只有晏殊与兄弟们闭门读书，这么谨慎忠厚的人，正可以教习太子读书。"

晏殊上任后，有了面圣的机会，皇帝当面告知任命他的原因，晏殊的回答朴实无华，他说："为臣并非不喜欢宴游玩乐，只是家里太穷没有钱出去玩。臣如果有钱，也会去宴饮，只是因为没有钱出不了门而已。"

皇帝听了他的话，反而更欣赏和嘉奖他的诚实，从此更加地信任和重用他。仁宗登位后，晏殊得以大用，官至宰相。

点评：古往今来，诚信都是一种价值，一种美德。晏殊的诚信是大诚至诚，在殿前应试时能够如实道明原委，实属不易，这说明诚实守信本就是他为学修身的基本，已经内化为一种自律的精神，并能够在日常行为中不自觉地去践行。今天的我们，应该向古代贤人学习，将诚信熏陶放在为学致仕之前,将书本的学习转化为实际的行动,日常诚信而不自知,才能修成真正的高尚品质,获得真正意义上的成功。

四、范巨卿千里践双约

范巨卿,即范式,东汉时期做过荆州刺史。据说,范巨卿在太学读书时,和同学邵元伯是真诚相待、无话不谈的好朋友。范巨卿是山阳郡人,邵元伯是汝南郡人。太学结业后,他俩结伴返乡。一路上,他们谈论着在一起读书时互相帮助、互相照顾的件件往事,难舍难分。一同走过了多日,终于有一天,他们两人要分别了。

分别时,他们两人依依不舍,邵元伯说道:"我们同学一场,情同手足。今日一别,不知何年何月才能再见面?"说着说着,竟流下了悲伤的泪水。

范巨卿安慰他说:"元伯兄弟,你我是生死之交,生当再见,死当送行。你不要悲伤,咱们这只是暂时的分别。今天是七月十六,两年后的今天,我一定会到汝南郡来与你欢聚!"

听范巨卿这么一说,邵元伯止住了哭泣,说:"一言为定,那我们就两年后的今天再相见!"说完,他们两人挥泪而别,各自踏上了回乡的路。

邵元伯回到家乡后,一直记着范巨卿临别时说过的话。一晃快两年了,离他们俩约定的日子越来越近了,邵元伯开始忙着酿酒和整理房间。邵元伯的母亲不知缘由,看到儿子忙里忙外,觉得有点奇怪,于是就问儿子:"元伯啊,你这样忙着酿酒和整理房间,难道是有贵客要来吗?"

邵元伯回答母亲说:"是的,母亲,我忘记跟您老人家说了,我与在太学读书时的好友山阳郡的范巨卿在两年前分手时约好了,他在今年的七月十六要来咱家。眼看这日子快要到了,所以我要赶紧准备一下啊!"母亲听后笑着说:"你真是个傻孩子!山阳到汝南,千里迢迢。同学两年前分别时的一句话,还不是在当时的那种场合随便说的,你怎么能这么认真呢?"

邵元伯说:"母亲,我是认真的。因为我和巨卿是同学,我了解他,他是一个非常讲信用的人。两年前他说今年的七月十六要来,就一定会来。他是绝对不会失约的。"

母亲见儿子这么认真,就说:"照你这么说,巨卿肯定会来呀?既然这样,那我就赶紧帮你把酒酿上,把房间收拾收拾吧。"说着,就帮儿子忙乎起来了。很快,七月十六这一天来到了。天刚蒙蒙亮,邵元伯就起来跑到村头去等候。在太阳刚一出来的时候,范巨卿就风尘仆仆地赶来了。久别重逢,两人的手紧紧地握在一起,一时不知说什么才好。

过了一会儿,范巨卿才说:"我这次晓行夜宿,走了半个多月,可总算在约定之日赶到了。咱们别在这儿站着了,赶快到家里去拜见伯母吧!"邵元伯和范巨卿刚进院门,元伯就高兴地喊:"母亲,我的好友范巨卿已经来了!我说过他不会失约的,这回您老人家该相信了吧!"邵母赶紧出来把范巨卿让进屋里,一边嘘寒问暖,一边高兴地说:"巨卿啊,你千里迢迢来践约,可真是个信义之士呀!我儿有了你这样的朋友,是他的福气啊!你赶快洗漱一下,马上就摆酒席为你接风。"

范巨卿在邵元伯家住了十多天。在这些日子里,他们两人各自叙说了分别两年来的生活状况及对对方的思念,既回忆了已经逝去的美好时光,又畅谈了对未来生活的憧憬。这期间,范巨卿发现邵元伯不断地咳嗽,身体状况大不如前,因此在离别时一再嘱咐他要保重身体。邵元伯也拉着范巨卿的手不无伤感地说:"巨卿啊,咱俩是生死之交的挚友,如果我走完人生之路先你而去了,你可一定要来送送我啊!"

范巨卿看着邵元伯悲伤的样子,心如刀割。他忍着眼泪点头答应道:"元伯,你千万不要这样悲观,只要注意调养,你的身体会慢慢好起来的。同时也请你放心,如果真有那么一天,我是一定会来送你的!"说完,两人又一次挥泪而别。

范巨卿回到家中不久,就得到了邵元伯不幸病逝的消息。这时,范巨卿由于旅途劳累而觉得十分疲劳,但仍然立即起程,日夜兼程地赶赴汝南。而邵元伯临终时也有话在先,说一定要等到范巨卿来后才能下葬,所以,当范巨卿赶到邵家时,邵元伯的灵堂还没有拆,棺木仍然安放在那里。

范巨卿一见棺木,不禁号啕大哭。他双手拍打着棺木,边哭边说:"元伯啊!你才华出众,志向远大,但壮志未酬,就这样走了,岂不让人痛断肝肠!元伯啊,你虽然不在了,但你我的友情还在,你将永远活在我的心里。今后,我一定要经常想着你我共同的志向,为国为民多做好事,以告慰你的在天之灵!"

范巨卿祭奠完毕,又去拜见了元伯的母亲,请她老人家节哀保重。在出殡的那天,范巨卿和众人一起拉着系在棺木上的绳子,把邵元伯送到墓地安葬。

点评: 诚实守信是中国传统的交友之道。孔子的学生子夏提出"与朋友交,言而有信"(《论语·学而》),并把与朋友交往是否诚实守信,作为自己每天反省的重要内容。范巨卿恪守诺言,践行生死之约,令人敬佩。

五、带公爹改嫁的最美儿媳

苹果下树了,刘振香和丈夫何振陆把精心挑选出的最红最大的一筐苹果抬到了公公马兴国的屋里贮存好。刘振香说,这么多年,习惯了把最好的留给老爷子吃。

这是河北省乐亭县姜各庄镇杨坨子村一个有些特殊的家庭。16年前,刘振香带着公公和女儿改嫁到邻村何家,又带着丈夫回归村里定居。作为土生土长的杨坨子村人,48岁的刘振香在这里饱经生活的沧桑与考验,也在这里践行了一位平凡农家女孝老爱亲、重情重义的高尚品德。

1991年,刘振香和同村小伙儿马爱军喜结连理。在当时,三间新房是乐亭农家娶媳妇的"标配",而清苦的马家只有三间旧房。刘振香看中了马爱军的人品,她说服家人,对马爱军说:"咱把日子过起来,自己盖新房!"

婚后,小两口儿一个在外打工,一个在内持家,一心往好日子上奔。刘振香无论在家里、地里都是一把好手。家里有十几亩地,二十刚出头的她干起活来一点也不含糊。提起刘振香,村民们都会竖起大拇指。

刘振香说:"日子虽苦,但一想到新房子,心里就充满了希望……"这个希望在6年后变成了现实,小两口辛苦打拼攒下的2万元积蓄,加上借了亲戚2万多元,终于把老房翻盖成了新房。

新房盖起来了,日子却愈加紧巴。然而,刘振香总是紧巴着自己,从不让公婆受一点委屈。结婚好几年,她没给自己添过一件新衣裳,而老两口平时却总是穿戴齐整。每天下地干活再累,也要到老人屋里坐坐,拉拉家常,公婆逢人便夸儿媳妇孝顺。

结婚第二年,刘振香偶然得知,丈夫非公婆亲生。面对忐忑不安的丈夫,她说:"二老与你没有血缘,却把你养大,我们更要加倍孝敬。"

天有不测风云。1999年,一向硬朗的婆婆突发脑出血离世,公公马兴国痛不欲生,本就多病的身体每况愈下。刘振香看在眼里,急在心里。丈夫白天在外做工,无暇顾家,她除了忙地里的活计,就是在家给老人做爱吃的饭菜,陪老人唠嗑,连收音机的频道都由她亲手调好。在她的悉心照料下,老人终于走出了阴霾。

2001年,一个更大的不幸毫无征兆地降临:丈夫马爱军心脏病突发离开人世,撇下年迈多病的老人、未成年的孩子和年仅32岁的刘振香。在人生最好的年纪,没有什么比与爱人生离死别更痛苦的事了。提及这些,她的眼泪止不住流下来:"天塌了……要不是有老人和孩子,我当时死的心都有……"

但刘振香牢记着曾经对丈夫的承诺,她告诉自己:"你是老人和孩子唯一的依靠,一定要带着他们过下去。"于是,她强打精神,挑起了原本应该两个人肩负的重担。

然而,一个女人独撑一个家实在太难了。渐渐地,有好心人开始给刘振香张罗说媒,但她却提出了一个令人瞠目的条件:"孩子我带着,老人我也要带着,我们走了,他就没有亲人了……"

显然,这是一个近乎苛刻的条件。接纳一个未成年的孩子尚可,可是谁愿意半路赡养一个与自己和另一半都没有任何亲缘关系的老人呢?

好人与好人终究会相遇。2002年,刘振香与邻村刘庄子村的何振陆走到了一起。这个同样善良的庄稼人从一提亲就表示,他愿意和刘振香一起照顾老人和孩子。婚后的日子过得平淡而融洽。闲来无事,何振陆还会陪老人喝上两口。邻居们都说,丝毫看不出何振陆是"后来人",刘振香也常去看望何家的母亲,与其他兄弟姐妹共同尽孝。

夫妻俩一开始在两村来回跑,后来为了方便照顾老人,他们干脆在杨坨子村定居下来。老爷子悬着的心终于落地了,街坊邻居也为他高兴,都说是他修来的福气。

那年7月份,刘振香被检查出患上了宫颈癌。残酷现实面前,她却首先想到了年迈的公公和未成年的小女儿。手术前,她流着泪叮嘱何振陆:"要是我身体不行了,你一定替我尽孝,给咱爸养老送终……"

老天对善良的人眷顾有加,刘振香的手术非常成功。在家人的精心呵护下,她的身体很快康复了。

弹指一挥间,刘振香与何振陆这对半路夫妻已相扶相携走过了16载。如今,大女儿已结婚生子,小女儿也升入了高中,言传身教之下,姐妹俩对爷爷都孝顺有加。

这些年来,刘振香孝老爱亲的事迹在当地广为传颂,她的家庭被授予"河北省星级文明家庭标兵户"称号,她本人也先后被评为"唐山市十大孝星人物"和"乐亭县道德模范"。

点评:10秒钟许下的承诺,也许要用一辈子来坚守。守诺不易,践诺更难。随着社会的发展,人们的生活更加富裕了,更加追求个人自主和独立,在观念的转变中,很多本该被传承的美德走失了。刘振香,一个信义儿媳,用她的实际行动为当代人做出了榜样:懂孝道,重诚信,不论什么时代都有价值,诚信为人应该成为每个人的人生准则,也应该成为每个家庭的指引。家风,才是最珍贵的传家宝。

六、"诚信老爹"吴恒忠

吴恒忠,小个子,精瘦,四条皱纹深嵌在额头上。这是一个能干的庄稼人,一个人种了72亩地;这个很犟的老头儿,硬是用10年做成了一件谁都觉得做不成的事;他做的一切,不仅仅是为自己,更是为他逝去的儿子。

"人就是讲个信字"——为儿子做最后一件事

重庆市潼南区花岩镇坐落在一块形如莲花的山岩上。半山腰的绿树丛中,是吴恒忠家的二层小楼。小楼建于2002年,是村里最早盖起的楼房,曾让不少村民邻里羡慕。那时,村里人说,这家的两个男人都能干,儿子吴君开车跑运输走南闯北,父亲吴恒忠地里的活路样样拿手。父子俩相信,不出几年,买车建房借的钱都能还完。

一场突如其来的车祸改变了一切。房子盖好的第二年,儿子出事了。那天,在一个被撞烂的摩托车旁边,吴恒忠看见躺在地上的儿子,任凭呼天喊地、老泪纵横,怎么也唤不回不满30岁的儿子。

处理完后事,吴恒忠想到,儿子生前借的钱还没有还完。村里的习俗,儿子借钱不一定要打借条,但必须有家里长辈当见证人。儿子借的每一笔钱,吴恒忠都在场,他对着账本算了一下,欠了19万元。

这不是一笔小数目。吴恒忠和老伴一年到头在地里辛苦,省吃俭用,也存不下几个钱。那段时间,他每晚都坐在儿子坟前,琢磨着怎么办。借钱给他的亲戚朋友也知道他家的情况,没有一个人上门要债。"老吴,欠账就算了,娃欠的和你没关系。""老吴,这事你就别逞能了,你拿啥子还钱?"……大家纷纷劝他。

但老吴决定,必须要替死去的儿子还钱。"我是当过兵的人,过去当通信兵送信,要求我12点钟把信送到,我就绝不会晚到1分钟。人就是讲个信字。儿子和我一起借的钱,他还不了就我来还,要是不还完,对不起儿子。"

"我的儿,你安心走吧,爸一定都帮你还上。"当时年近花甲的吴恒忠对儿子默默承诺。他知道,这是他作为父亲,为儿子做的最后、也是最重要的一件事。

"还一点就少一点"——一个农民的极限付出

吴恒忠打定主意,早一天把钱还完,早一天完成对儿子的承诺,他就早一天心安。

盛夏时节,太阳把土地烤得龟裂。吴恒忠出了院子顺着坡向下走,穿过一大片绿油油的花生田,来到自家蔬菜园,绕在架子上的四季豆可以收获了,第二天要赶场,他摘了满满一背篓豆子。他一次背100斤去卖,1元钱1斤。

为了赚钱还债,吴恒忠想到的办法就是扩大生产多种地。他把每一分土地抠着用,房前屋后见缝插针种满了果树和蔬菜,村里的撂荒地也种上了庄稼。这样还不够,他又开了一大片荒山。将原来的5亩承包地增加到72亩,在大面积机械化耕种难以实现的西南山区,这几乎是一个农民的极限。

老伴患肺心病多年,地里活几乎全靠吴恒忠一个人。他早上天不亮就下地干活,晚上天黑打着手电筒接着干,回到家经常是又困又乏,晚饭不吃倒头就睡。有一点收入他就去还钱,最少的一次还了50块钱。一年下来,吴恒忠还了1万多元。"还一点就少一点,总算有个盼头。"吴恒忠说。

2013年冬天,老吴还剩下最后一笔2000元的欠账。他坐车去四川泸州,没有提前与对方联系。因为以前他还钱时提前给债主打电话,结果对方无论如何也不要他的钱,有的甚至还躲着他。为了让对方收下钱,他只能"突然袭击"。这一次,钱收下了。

就这样,儿子留下的19万元欠账,在10年后,终于由父亲全部还完。那一次,对方想留他在泸州休息几天,可他急着赶回老家——他要告诉儿子,父亲做到了。

"我宁愿再苦10年"——父爱之花芬芳人间

吴恒忠替儿还钱在当地传为佳话。2013年,他被评为第四届全国道德模范,被称为"诚信老爹"。

镇上给他做了一套新衣服去北京领奖,乡亲们在春节联欢晚会上看到了他。回到村里,他换上干活的衣服,挽起袖子扛着锄头,又下田去忙活了。72岁的他,还在种地。

"我是一个庄稼人,干活习惯了,人老了睡眠也少,让我不干活我还难受。"吴恒忠说。为了增加产量,他把蔬菜大棚加高了2米。村民说这么改行不通,他的犟脾气就上来了:"万一我就成功了呢?"

相关部门前来慰问,他提前把一楼屋内的墙重新粉刷了一遍,自己住的二楼为省钱没有粉刷。他向领导提了一个要求,取消他建卡贫困户的资格,"把扶贫资金给更需要的人,我自己还能养活自己。"

他用政府给的奖金买了几头小猪精心伺候,每天喂两次,都是玉米、细糠和麦麸。"等到腊月,我把养好的肥猪送人,送给谁现在我不说,到时候你们就知道了,我不能放空炮。"吴恒忠说。

他走到儿子的坟头前,左侧一丛红色的美人蕉如火一般艳丽;右边一丛白色的栀子花淡淡绽放。"这是我儿子最喜欢的两种花,我专门给他种的,陪着他。"吴恒忠说。

父亲告诉儿子,自己有一个新目标。"债还完了,我还要把这个家带起来,我还要帮助更多人,我宁愿再苦十年。"吴恒忠说。

点评:世上有两把尺子,一把在明,一把在暗。明的是法律,暗的是道德。诚信老爹的故事从法律上来说或许平平无奇,但从社会道德层面,反而正说明了诚信对于现代社会人们的价值和意义,这是一个用生命去维护诚信、维护做人基本原则的感人故事。践行社会主义道德观,用我们的诚信美德去净化和影响社会氛围,让整个社会充满正能量,其实应该是每一个公民应尽的责任。

七、最美青春严晓静

诚信为立身之本,诚信不仅体现在言语上,更体现在行动上。在浙江金融职业学院学生严晓静的价值观、人生观里,诚信意味着要信守承诺、说到一定要做到、诚实待人、诚信做事。

(一)踏上诚信大道

严晓静是浙江衢州人,就读于浙江金融职业学院国际商务系商务英语专业,在校任校园电视台副台长一职。

2012年9月,踏上学院诚信大道的瞬间,严晓静已然开启了梦想中的金融之旅,诚信在金融界是比黄金更可贵的品牌力量,是无法估值的价值财富。

她在刚开学的时候就遇到了对她人生和诚信品格都有巨大考验的事情。考上了理想的大学,家里却为昂贵的学费而发愁,父母四处借钱为她筹集学费。父亲说家里虽然有困难也不能欠学校的钱,砸锅卖铁也要筹齐学费让她上大学。但是在银行交学费时,工作人员却告诉她,她的学费已经缴清了。她不相信,可是她的账号上就是打不进钱,工作人员给她看了在学校的账户上确实是缴清学费了。旁边的阿姨说:"这小姑娘傻啊?有人帮你交了还不好吗?你就不要交学费了啊。"可是她心里一直纠结,应该怎样处理呢?是咬牙说自己已经交了让别人给她当冤大头,还是和老师说清楚重新交呢?如果她默许,那父母为她准备的钱就可以作为大二的学费了,可以为家里省下一大笔钱了呀!可是理智告诉她,她必须主动去和老师说清楚,解决这个问题。开学第一天她就主动找到班主任说了这个情况,最后在老师的帮助下重新缴了学费,把钱还给了误打在她的学费账号上的不知名的同学。虽然因为异地取款花费了77元,这77元也许是母亲回家的车费,也许是她在学校几天的生活费,是令她心疼的一笔钱,但她这么做了,心中无比坦然。

(二)老板提早回家

她一直在实践诚信,对诚信付出真心,诚信也给予她很多自信与成就感,激励她继续前行。

在暑期兼职做收银员的工作中,老板的认可与信任让她倍感荣幸、充满成就感。做超市收银员,每天要面对无数形形色色的顾客,每天要接过他们手中大笔的现金与信用卡,他们放心地在她面前输入密码,他们放心地接过她找的钱。经过一个月的工作,老板看到了她的工作表现便找她谈话,希望她可以承担一份工作,帮自己分担监督、检查收入的工作。但当时她并没有自信去接手这份责任重大的工作,毕竟不是小数目,但老板的话深深感动、鼓励了她,他说:"我为了这个超市投入了很多时间与精力,但却牺牲了陪伴家人的时光,妻子、女儿、年迈的父母一直都希望我能回家陪他们吃晚饭,一起看电视,陪女儿入睡,陪父母聊天。现在老父亲生病了,我才意识到陪伴家人的重要,但我一直都不放心把苦心经营的超市交给别人,我看到了你的工作表现,也看到了你的为人,我相信你,相信你这个大学生,你好好做,我不在超市的时候你帮我监督员工,帮我统计管理店里的账目,交给你我很放心。"老板的话她一直记在心里,对于一个初出茅庐的大学生是莫大的鼓舞,她也决定凭她的诚信与能力好好做,让老板放心。老板非常信任她,让她每天晚上负责统计当天的营业额、现金收入、刷卡记录和早上负责发放备用的零钱以及统计、计算暑期两个月的账目,分析两个月的经营情况,负责员工的工资计算及发放。老板及经理的信任让她受宠若惊,但也承受了很大的压力,最终暑期结束的时候得到了他们的认可与赞扬,并得到了超市的奖金嘉奖。

(三)诚信入心入行

尽管从小家境贫寒,但父母一直教育她要诚实守信、以诚待人,不是自己的绝对不要拿,所以从小她就形成了诚信做人、拾金不昧的观念。从小学到大学,每当在路上、校园里捡到饭卡、现金、银行卡,她都会尽力找到失主,或交到老师手中或交到门卫处或交到广播站。大一下学期的一个周末,她在校园周边的道路上捡到一个钱包,足足在原地等待失主两个多小时,因为她知道这个钱包对于主人肯定很重要,因为里面有身份证、银行卡、车票、钥匙等重要物品,更重要的是有非常珍贵的家人合影。当她终于在黄昏时等到焦急万分的失主时,失主很激动地抱着她,因为要用钱包买车票去见年迈的外婆。

担任金融职业学院电视台副台长的工作中,她将在会计课上学到的记账方法运用于电视台的经费管理当中,每一笔花销与收入、用于何处都明明白白地被她记录着,这样的记账方法使得收入与支出平衡,且一目了然,也方便了老师、领导检查,同学们监督。虽然不是专业的,但也使账目分文无差,老师很放心把电视台的经费交由她保管,每次组织同学们活动、出游,也都是由她负责收钱、付钱、记账、分账。将所学知识运用于实际并能得到认可,令她无比开心,充满成就感。

(四)感恩生活、回报社会

艰苦的生活给她最大的启示就是学会感恩。她永远也忘不了在自己最需要帮助的时候,那些曾经帮助过她的人。她希望用自己的行动去帮助更多需要帮助的人,这也是她非常乐意做志愿者的原因之一。在高中毕业的那个暑假,她和同学前往家乡的贫困山区去看望学生们,

并给他们送去了许多旧书和爱心礼物,看到他们惊喜的表情时,觉得一切辛苦都是值得的。大学里她参与了许多志愿者活动,如学校运动会的志愿者工作,这些工作与实践经历充实了她的课余生活,让她的人生更有意义。

大一时家庭遭遇了意外,让她心痛不已,也让她不得不暂时放弃学业回家照顾遭遇车祸的父亲与工伤致残的母亲,但她熬过来了。很多人都说从来看不出在她身上受过这么多的伤,经历过那么多的痛,因为她把疼痛融在骨子里化为骨气,总把笑容挂在脸上。她一直相信生活上的痛苦很快就会过去,人往往在痛苦的经历中学到的远比在快乐的经历中学到的多,这些经历会让她成长得更坚强、乐观、阳光,她所经历的一切都会化成她内心的动力与沉淀。她要做向着太阳生长的向日葵!虽然每天都是一个挑战,但她无所畏惧,因为她有一颗诚信、真诚的心!

点评:青春的色彩因为诚信愈加光彩夺目,年轻的心灵因为诚信积淀自信与力量。任何一种青春轨迹都是一份独特的经历,与诚信相携成长的她,一定在青春韶华里留下了最美的篇章。

第六章　事业之基

有些人常常感慨：世风日下，人心不古。也有人常常在利益诱惑之前，选择了欺骗，选择了对传统道德的回避。在这个事事讲求效率，有投入必定要求产出的社会中，面对"诚信"二字，人们往往会迷茫，更有甚者心生疑虑：诚信能获得什么？

其实，诚信不仅仅是一种美德，更是一种效益。对企业家来说，诚信是一个聚宝盆：有诚信，就有回头客；有诚信，品牌就会一传十、十传百；有诚信，就有利润。对政治家来说，诚信是一面旗帜：有诚信，就能被民众信任；有诚信，所发的号令就能一呼百应。对普通人来说，诚信是一股清风，一剂良药，选择诚信，会心安，选择诚信，会快乐。

所以老子说："大丈夫居其厚而不居其薄。"要人们立足于富有诚信之地，不要依托诚信缺失之所。唯有诚信的土壤，才能丰润生命之花；唯有坚守诚信，才能永葆仕途坦荡，锻造商机无限。

一、齐桓公守诺

《史记》中有一段记载："曹沫者，鲁人也，以勇力事鲁庄公。庄公好力。曹沫为鲁将，与齐战，三败北。鲁庄公惧，乃献遂邑之地以和，犹复以为将。"

"齐桓公许与鲁会于柯而盟。桓公与庄公既盟于坛上，曹沫执匕首劫齐桓公，桓公左右莫敢动，而问曰：'子将何欲？'曹沫曰：'齐强鲁弱，而大国侵鲁亦甚矣。今鲁城坏即压齐境，君其图之！'桓公乃许尽归鲁之侵地。既已言，曹沫投其匕首，下坛，北面就群臣之位，颜色不变，辞令如故。桓公怒，欲倍其约。管仲曰：'不可。夫贪小利以自快，弃信于诸侯，失天下之援，不如与之。'于是桓公乃遂割鲁侵地，曹沫三战所亡地，尽复予鲁。"

这段文字的大意是：曹沫，鲁国人，凭勇敢和力气侍奉鲁庄公。鲁庄公喜爱勇士。曹沫任鲁国的将军，和齐国作战，多次战败。鲁庄公害怕了，就向齐国献出遂邑地区求和，但仍旧用曹沫做将军。

齐桓公与鲁国国君等人在柯地会盟。齐桓公与鲁庄公在盟台上盟誓时，曹沫突然上去，持匕首劫持了齐桓公。齐桓公左右随从恐伤到齐桓公，都不敢有所动作，问曹沫："你想怎么样？"曹沫说："齐国强大而鲁国弱小，齐国恃强凌弱得实在太过分了。现在鲁国都城的城墙倒下来都会压到齐国的边境了（意即齐国侵占鲁国地方之多），您还是好好考虑一下（该怎么做）吧。"齐桓公答应尽数归还侵夺鲁国的土地。曹沫得到齐桓公的承诺后，就扔了匕首，走下盟坛回到面北的群臣之中就座，面不改色，言谈如故。齐桓公很生气，打算背弃盟约。管仲劝齐桓公说："不能这样，你被劫持时已答应了曹沫的要求，为逞一时之快而失信于诸侯，也就失去了天下人

对您的支援,与其这样,还不如把土地归还给他们。"齐桓公听后,决定把齐国侵占的土地归还给鲁国。最后,齐桓公将鲁国多次战败所丢失的领土全部归还给鲁国。诸侯听说齐桓公信守承诺归还鲁国领土的事情后,都认为齐国有君子之义而愿意归附它。

点评:小到个人,大到国家,信誉都比金钱、武力更加珍贵,更有说服力,更能凝聚人心。古人云,信为国本,百姓所归。齐桓公宽仁大度,遵守诺言,言出必行,最终获得了诸侯和百姓的信任和尊敬,使他成为春秋五霸之首,天下归心。

二、"最多跑一次"改革

近日,有网友到浙江,发现浙江省出现了一个"全世界最奇葩的衙门"——浙江省"最多跑一次"改革办公室,这个名字令人捧腹。但是,当网友了解了"最多跑一次"改革的具体内容和目前浙江取得的成效以后,他希望自己的家乡也尽快推进这项改革。

"最多跑一次"改革是通过"一窗受理、集成服务、一次办结"的服务模式创新,让企业和群众到政府办事实现"最多跑一次"的行政目标。

2016年12月27日,在浙江省委经济工作会议上,省委、省政府首次提出要推进"最多跑一次"改革。2017年浙江省政府工作报告,正式提出浙江实施"最多跑一次"改革。

当时,有人质疑,有人担心,觉得这是不可能完成的任务。时任浙江省省长的车俊掷地有声地说,只要群众有诉求,难度再大也要向前推进,"最多跑一次"的改革目标,在浙江一定要实现!

在2017年的全国"两会"上,有记者质疑浙江的"最多跑一次"改革难度较大,能不能实现。浙江省委书记车俊当即表态:"明知山有虎,偏向虎山行。'最多跑一次'一定能实现。"

浙江的决心、信心,及落到实处的方式、方法,让"最多跑一次"改革从承诺细化成"一窗受理、集成服务""一网申请、快递送达""一号咨询、高效互动",数据孤岛被打破,各个不同部门之间得以协同办公,"数据跑路"真正代替了"群众跑腿",系列改革举措细致入微,以人民为中心、以数据共享为原则的改革思路,最终让老百姓感受到实实在在的获得感、幸福感和满足感。

截至2017年底,浙江省级"最多跑一次"事项达到665项,设区市本级平均达到755项,县(市、区)平均达到656项,分别占同级总事项数的95.68%、95.33%和93.85%。

2018年,浙江省将全面提升"一张网"便捷度,让更多办事实现"零上门";全面推行"一证通办",以数据共享实现"简化办";推广"一窗受理、集成服务",实现同城通办、就近能办;做强浙江政务服务移动端,打造移动办事最便利省。2018年底前,所有民生事项和企业事项实现"一次办结",其中80%以上开通网上办理,50%以上的民生事项实现"一证通办"。

2018年,"最多跑一次"改革写入政府工作报告,从浙江经验走向全国,两年来,"最多跑一次"把看似不可能变成了可能,产生了"一窗受理、集成服务"、"标准地+承诺制"、不动产交易登记一体化、"一证通办"等有典型示范意义的改革经验,书写了深化放管服改革的新篇章,迈入"互联网＋政务服务"发展的新阶段。

如今,在浙江生活的老百姓,不仅在电脑端可实现在线办理业务,在移动端,打开浙江政务服务网 App,即可办理查社保、查公积金、查交通违法处理和缴罚、缴学费、补换驾照、出入境办证等。甚至这个"政务淘宝"还开通了支付宝 App 入口,在大家使用的支付宝上,就可以进行新生儿重名查询、教育考试和诊疗挂号等事务办理。

"最多跑一次"改革从理念化为实践、由承诺成为现实,变不可能为可能,措施越来越实,效果越来越好,赢得了各方点赞、中央肯定。

点评: 自古以来,"得民心者得天下,失民心者失天下"是至理明言。政府诚信是社会诚信的基石和灵魂,在构建和谐社会进程中发挥着示范和表率作用,成为社会诚信的典范。政府就是要靠正确的政策理念、诚信的人文精神、踏实勤奋的工作作风去取信于民,团结人民,社会才能长治久安。

三、让政府晒在阳光下

你是谁? 你从哪来? 你有什么本事? 你做了哪些事情? 你尽职吗?

在新西兰,这样的问题是媒体和公众时时向政府官员发问的。2015 年 4 月,新西兰议会休会,议长与 4 名不同党派的议员组成代表团前往多个欧洲国家访问,预算 13.8 万新西兰元(约合人民币 66.24 万元),其中经济舱旅费 9.7 万新西兰元(约合人民币 46.56 万元),包括 4 名议员配偶的旅费。一时间,媒体哗然,议长连忙出来表态:我出访时自己给老婆掏钱。

帮着官员算账,还要算到小数点后面,这在新西兰是常有的事情。2015 年 2 月,政府薪酬部门公布要给议员涨工资,年薪最少涨 8200 新西兰元(约合人民币 3.9 万元),总理工资涨幅最大,为 2.38 万新西兰元(约合人民币 11.42 万元)。

这个账目一公布,又是全国媒体声讨,逼得总理和议员纷纷说:其实我们不想涨工资。话说回来,谁不想涨工资呢? 但数据清清楚楚地摆在那里,考虑经济形势一分析,到底合不合理一目了然。政府官员想要不劳而获或少劳多获就只能是个"白日梦"。

这就是信息公开的力量。在自嘲有"政治洁癖"的新西兰,档案信息透明公开受到严格的法律保护,政府的一举一动都晒在阳光下。

经过多年的实践和修订,《新西兰官方信息法案》已经成为公民要求政务公开、信息透明的最坚实保证。这部法案最重要的原则是:"除出于特定原因需要保护的信息外,所有信息都必须公开。"法案要求任何政府部门在受到公民查询信息的要求时,按照这条原则执行。

按照法案规定,公民向政府部门提交新西兰公开申请,政府组织必须在 20 个工作日内做出是否提供信息的决定。同时,法案明确表示,20 个工作日是最长时限,实际工作应越快越好。根据法案,有些信息会被拒绝答复,有些则要收取一定的费用。一旦政府部门无法在 20 个工作日做出决定,申请者有权向政府监察专员投诉。如果政府部门决定不公开相关信息,还

需要给申请者明确理由。政府部门之间可以互通一定范围内的有关信息。

这些规定旨在推动政府信息公开的水平，确保政府在制定政策时考量各方利益，提升政府的治理水平。

在这种严格的法律规定下，政府官员一旦存在档案造假、隐瞒信息或违反规定的情况，公众和媒体可以很容易地从官方获得相关信息，让想要"钻空子"的官员无处藏身。

2008年，新西兰首位华人议员、少数族裔事务部及妇女事务部长黄徐毓芳与丈夫前往中国访问。按照新西兰的规定，官方可以负担议员配偶的旅费，但前提条件是配偶出行的目的完全是陪同，不能兼做其他商务活动。恰恰在黄徐毓芳夫妇的这次旅行中，她的丈夫与某公司签订了一份商务合同。消息公开后，黄徐毓芳只得黯然辞职。

类似的事件在新西兰其实很常见，先前也有议员使用公务信用卡支付私人消费，即便事后还上相应费用，但仍要辞去议员职位。正是这种高透明度的政治生活规定，使得新西兰政府成了世界上最为廉洁的政府之一。

点评：政府诚信，取信于民，方能政通人和。政府部门的官员应该认识到，诚信对社会的影响，政府的行为不但要站在公众利益的角度，还要有利于社会的稳定和进步。对于政府来说，诚信是最重要的责任之一。

四、银行：以信为名

某国有银行杭州市庆春路分行（以下简称庆春分行），是一个真正做到信誉第一的银行网点，这里的员工用实际行动兑现了自己的行业承诺。

一天下午，一个中年男子来到银行，他把一堆硬币和一些毛票放在柜台上，要求出纳员把这些零钱换成整钱。出纳员数过后说："一共是198元"。顾客点点头。于是出纳员又把零钱换成整钱递给那位顾客。那位顾客接过钱后，没数，匆匆忙忙就走了。快下班时，银行里的工作人员清理柜台，发现了两枚1元硬币。大家猜想，可能是刚才那位中年男顾客遗失的。该怎么办？银行里的员工七嘴八舌地议论了起来。按理说，这不是员工的疏忽，是顾客自己匆忙之间遗失的。再说只有2元钱，数额不大，只要登记一下等顾客来领就行了。可是，看到墙上贴着"诚信至上、信誉第一"的标语，他们就想，这是整个银行部门的职业承诺，不能空喊口号，应该落到实处才行。于是，他们决定想办法把这2元硬币还给储户。大家讨论了一下，决定在报纸上登一则广告，以尽快让顾客知晓。打听了一下，广告费挺贵的，30多个字的广告要花160元钱。并且银行里也没有用于这方面的公款，难道要员工自己出吗？这太不合理了，本来也不是员工的错，根本没必要让员工自己掏钱登广告。可是员工们一商量，还是决定登广告，广告费由4个员工平摊，每人出40元。

过了2天，在《杭州日报》上出现了这样一则广告："一储户在兑换零钱时遗落了2元硬币，望储户前来领取。"下面是该银行庆春分行网点落款。

这则广告登出后,一些人觉得很纳闷,怎么2元钱还登广告?还有人干脆打电话到报社询问:"是不是报社弄错了硬币的金额?"一些人还议论着:"银行里的员工真没经济头脑,花80倍的价钱,登价值2元钱的广告,值得吗?"而该银行庆春分行的员工有自己的看法,他们说:"这表面上是2元钱问题,实际上是一个行业的信誉问题,这是无价的。花有限的几个钱,换一个无价之宝,值得。再说,这是银行对客户的承诺,是银行的每个员工都应该做的。"

点评: 金银有价,信誉无价。商业信誉就是商业规则,银行作为与钱打交道的企业,信誉第一,没有诚信的银行根本无法生存。在珍惜信誉的同时,做到优质服务,吸引客户,获得客户的信任和加入,是银行生存和发展的秘诀。真诚待客,信誉留客,才能赢得客户,赢得市场。

五、心灵的契约

在加拿大,许多交易行为并不是依合同进行的,称为"无约交易"。经粗略调查和估算,加拿大经济活动中约有一半的买卖交易是在不签约的情况下进行的。

大陆的王先生在加拿大主要做二手设备、金属材料、化工材料和再生材料的生意,每年的流水在几百万美元以上。一年下来,不管怎么忙,验货、装船、报关,就是没有忙过签合同。

王先生在加拿大做的第一笔生意是一种高压聚乙烯材料,共20吨,一个集装箱。他看货物质量不错,价格也合理,就打算交定金,忙问对方怎么签合同。货主是个1.90米的大块头,叫迈克。大家习惯叫他"大个子"。大个子听了一笑,一边挑动浓密的眉毛一边说:"朋友,你得记住一点,和我做生意,永远没有合同。如果你想写合同就写好了,我可没有兴趣签。如果你喜欢我的货,就来买,咱们钱货两清。"

王先生想入乡随俗吧,他不签就不签,反正一箱货如果有损失也不会太大。第二天,他赶了个早,提前到货场想监督装货。但等他到货场的时候,发现集装箱和他要的货都不见了!他问大个子:"货呢?"对方说:"装走了!"不监督怎么就发货?但看大个子一脸自信,王先生也没好再问,可心里直打鼓。装的货质量好不好?数量够不够?王先生挺纳闷,大个子一分钱没收,怎么敢发货?如果自己不认账或者赖账,他难道不傻眼?王先生满腹狐疑付了款,焦急地等消息。后来,他的合作伙伴按时收到了货,不仅货物质量上乘,而且数量准确无误,甚至连纸箱的皮重都算得很清楚。

后来王先生发现并不是只有大个子有这个习惯,和他做生意的其他加拿大人也是这样——不需要一纸合同。一年几百宗生意,几乎都如此,慢慢地,王先生也适应了。这样的交易偶尔也出现误差,但故意欺诈和瞒骗等现象从未发生过。有一次,在卡尔加里出货,王先生住的地方离该市很远,发货时没有到现场。后来,客户来信反映货物的颜色和品种有误差,造成了一定损失。王先生想,已经给卡尔加里的货主付了款,要想要回差价,谈何容易。可出乎意料的是,他给货主打了一个电话,一星期后,收到了一笔汇款——不仅有给他的赔偿,还有表示抱歉的信函。

由此可见，在加拿大，大家认为从商者诚实守信是最基本的素养，是无须明说的商业规则，是内心共同遵守的契约。如果你不诚信，就会被主流排斥，失去合作的机会，也没有人愿意与你合作。要想事业长青，就必须诚信待人。

这份心灵的契约比纸质的契约更加令人感动。

点评：诚信是形成良性互动的基石，每一位公民具有诚信自觉并且切实履行，才会让一纸合同退出舞台。加拿大人不签合同的做法，令人称赞，一个国家的文明程度也能从此窥见一斑。

六、一名乘客的航班

有一天，一架英国航空公司波音 747 客机仅搭载了唯一的一名日本女乘客从东京飞往英国伦敦。在这趟历经 13 小时，全程 8000 英里，从东京到伦敦的飞行旅途中，她一个人独享该机的 353 个飞机席位、六部电影、美味的食物和饮料及 6 位机组人员和 15 名服务人员的周到服务。这位"特殊"的乘客是山本太太，她此前订了一张英国航空公司经济舱机票。

英国航空公司的这家大型波音 747 客机由于技术故障，从成田机场起飞的时间要延迟 20 多个小时。为了不让在东京等候此班机回伦敦的乘客耽误行程，英国航空公司及时帮助这些乘客换乘，并提供给他们飞往伦敦较早的其他航空公司的飞机。有 190 名乘客欣然接受了英国航空公司的妥当安排，分别改乘别的班机飞往伦敦。但其中有一位日本的山本太太，说什么也不肯换乘其他班机，坚持要求乘坐英国航空公司的 008 号班机。事实上，对于只有单个或较少乘客的行程，航空公司是不提供业务服务的，因为飞行管制的放松会导致天空更加拥挤，而且国际竞争的加剧也使航空公司的每一次飞行行程要保有较高的上座率。但是，英国航空公司为了守信用，宁可损失巨额费用，也要为这一位乘客照常飞行。

那么这趟飞行行程对英国航空公司造成了多少损失呢？这架大型喷气式行机的发动机大约每小时要燃烧 3000 加仓的燃料，每加仓的成本大约是 65 美分，而飞机燃料成本通常只占整个飞行成本的 1/5。据估算，这次只有 1 名乘客的国际航班使英国航空公司至少损失 10 万美元。

"她可能得到了航空飞行历史上最划算的交易。"全球各大航空公司的贸易团体代表——国际航空运输协会的一位日内瓦官员大卫基德如此说道。英国航空公司发言人约翰希尔弗说："这个航班原本有 191 名乘客，由于航班延误，除了山本太太，其他 190 名乘客接受了航班调整，乘坐其他航班前往伦敦。山本太太选择了等待和坚持。所以，我们非常高兴可以给予她最好的服务，这样的旅程应该是每一位乘客的梦想。"

点评：一趟航班只为一个乘客而飞，这在正常情况下是不可想象的。但是英国航空公司本着"信誉第一""乘客第一"的经营理念，完成了这次美丽的旅程。这是一次非常棒的品牌营销，是一次成功的公共关系处理。没有了信誉的公司就是一个空壳,对于企业来说,信誉就是生命,是立业之本,成功之源。

七、一个"诚"字赢天下

对于中国人,李嘉诚这个名字可以说是成功与财富的象征。而他取得成功的秘诀之一就是——诚信。

(一)"诚"度危难

1950 年的夏天,李嘉诚在筲箕湾创立了长江塑胶厂。投身塑胶行业,正是顺应了香港经济的转轨。李嘉诚对推销轻车熟路,产品很顺利地卖出去了,他手里捏着一把订单,招聘工人,经过短暂的培训就上岗,开足马力,昼夜不停出货。

正当春风得意之时,意想不到的风浪来袭。一家客户说李嘉诚的塑胶制品质量粗劣,要求退货,一些客户又不停打电话催货。李嘉诚骑虎难下,亲自蹲在机器旁监督质量。然而,靠这些老掉牙的淘汰机器,要确保质量谈何容易!仓库里堆满因质量欠佳和延误交货退回的玩具成品,一些客户上门要求索赔,一些新客户上门考察见此情形扭头就走,原料商上门催讨原料货款,银行派职员来催贷款,长江厂面临遭清盘的边缘,这令李嘉诚焦头烂额,痛苦不堪。

回到家里,母亲从李嘉诚憔悴的脸色和布满血丝的双眼中洞察出长江厂遇到麻烦。母亲平静地说道:"很早之前,潮州府城外的桑埔山有一座古寺,住持云寂和尚已是垂暮之年,某日给他的两个弟子一寂、二寂各两袋谷种,要他们去播种插秧,谷子多者可继承衣钵。谷熟时,一寂挑了一担沉沉的谷子来见师父,二寂却两手空空。云寂便把袈裟和瓦钵交给二寂,指定他为未来的住持。一寂不服,师父说,我给你俩的谷种都是煮过的。"

李嘉诚悟出母亲话中的玄机——诚实是做人处世之本,是战胜一切困难的不二法门。翌日,李嘉诚回到厂里,召集员工开会,坦承经营错误,向这些天被他无端训斥的员工赔礼道歉,并表示,经营一有转机,辞退的员工都可回来上班,如果找到更好的去处,也不勉强,从今以后,保证与员工同舟共济,绝不损及员工的利益。

紧接着,李嘉诚一一拜访银行、原料商、客户,向他们认错道歉,祈求原谅,并保证在放宽的限期内一定偿还欠款,对该赔偿的罚款,一定如数付账。李嘉诚丝毫不隐瞒工厂面临的空前危机,恳切地向对方请教拯救危机的对策。李嘉诚的诚实,得到他们中的大多数人的谅解,期限有所放宽,但工厂形势依然严峻。

积压产品,库满为患。李嘉诚抽调员工,对积压产品普查一次,将其归为两类:一类是有机会做正品推销出去的;一类是款式过时或质量粗劣的。如初做"行街仔"那样,李嘉诚马不停蹄到市区推销,卖出一部分正品,同时以极低廉的价格将次品卖给专营旧货次品的批发商,如此用陆续收到的货款分头偿还了一部分债务,并最终走出了危机。

(二)"诚"定基业

1957 年,李嘉诚赴意大利考察塑胶花生产,回港后,他率先推出塑胶花,立即成为热销产

品。1957 年末,长江塑胶厂改名为长江工业有限公司,公司总部由新莆岗搬到北角,李嘉诚任董事长兼总经理。厂房分为两处,一处仍生产塑胶玩具,另一处生产重点产品塑胶花。

李嘉诚不惜重金网罗全港最优秀的塑胶人才,不断地推出新样品。可是,因为资金有限,设备不足,严重地阻碍生产规模的扩大。李嘉诚担心陷入前几年的被动局面,不敢放手接受订单。

该如何突破"瓶颈"呢?李嘉诚陷于苦恼之中。在伤透脑筋之时,一个意想不到的机遇来到他面前。有位欧洲的批发商来北角的长江公司看样品,他对长江公司的塑胶花赞不绝口,并在参观长江公司的工厂后,表达了合作意向,但要求李嘉诚找到殷实的担保人。

找谁担保呢?担保人不必借钱给被担保人,但必须承担一切风险。求人如吞三尺剑,位卑财薄的李嘉诚,碰了一鼻子灰。

翌日,李嘉诚去批发商下榻的酒店。两人坐在酒店幽静的咖啡室,李嘉诚拿出 9 款样品,默默地放在批发商面前。虽然非常渴望做成这笔交易,但未找到担保人,还能说什么呢?他和设计师通宵达旦,连夜赶出 9 款样品,期望能以样品打动批发商。9 款样品,每 3 款一组:一组花朵,一组水果,一组草木。批发商全神贯注,足足看了十多分钟,尤对那串紫红色葡萄爱不释手。批发商的目光落在李嘉诚熬得通红的双眼上,猜想这个年轻人大概通宵未眠。他太满意这些样品了,同时更欣赏这年轻人的办事作风及效率,不到一天时间,就拿出 9 款别具一格的极佳样品。他记得,他当时只表露出想订购 3 种产品的意向,结果,李嘉诚每一种产品都设计了 3 款样品。

李嘉诚直率地告诉批发商没有找到担保人的事实,同时自信地向批发商表示,白手起家的自己在同行和客户中一直有较好的信誉,保证尽最大努力扩大生产规模,提供全港最优惠的价格,彼此互利互惠。

李嘉诚的诚恳执着深深打动了批发商,他说道:"李先生,你奉行的原则,也就是我奉行的原则。我坦诚地告诉你,你不必为此事担心,我已经为你找好了一个担保人。"

李嘉诚愣住,哪里有由对方找担保人的道理?批发商微笑道:"这个担保人就是你。你的真诚和信用,就是最好的担保。"

两人都笑出声来。谈判在轻松的气氛中进行,很快签了第一单购销合同。按协议,批发商提前交付货款,基本解决了李嘉诚扩大再生产的资金问题,但是这位批发商主动提出一次付清,可见他对李嘉诚信誉及产品质量的充分信任。

从此长江公司的塑胶花牢牢占领了欧洲市场,营业额及利润成倍增长。1958 年,长江公司的营业额达 1000 多万港元,纯利 100 多万港元。塑胶花为李嘉诚赢得平生的第一桶金,也赢得了"塑胶花大王"的称号。

(三)"诚"夺江山

1958 年,李嘉诚开始涉足地产业,先后在北角、柴湾兴建工业大厦。

1960 年,他又在新兴工业区——港岛东北角的柴湾兴建工业大厦,两座大厦的面积,共计

12 万平方英尺。

20 世纪 70 年代初，李嘉诚已拥有的收租物业，从最初的 12 万平方英尺，发展到 35 万平方英尺，每年租金收入为 390 万港元。

1971 年，李嘉诚成立长江地产有限公司。1972 年，香港股市一派兴旺，李嘉诚认准时机，将长江地产改为长江实业（集团）有限公司，骑牛上市，成为"华资地产五虎将"之一。从此，李嘉诚在香港地产股市大展拳脚。

1979 年 9 月 25 日夜，在华人行 21 楼长江总部会议室，长江实业（集团）有限公司董事局主席李嘉诚，举行长实上市以来最振奋人心的记者招待会，一贯持稳的李嘉诚以激动的语气宣布："在不影响长江实业原有业务基础上，本公司已经有了更大的突破——长江实业以每股 7.1 元的价格，购买汇丰银行手中持占 22.4% 的 9000 万股普通股的老牌英资财团和记黄埔有限公司股权。"

和记黄埔，是香港第二大英资洋行，资产价值 60 多亿港元。1973 年中股市大灾，接着是世界性石油危机，又是香港地产大滑坡。投资过速、战线过长、包袱过沉的和记集团掉入财政泥淖，接连两个财政年度亏损近 2 亿港元。1975 年 8 月，汇丰银行注资 1.5 亿港元解救，条件是和记出让 33.65% 的股权。汇丰成为和记集团的最大股东，黄埔公司也由此而脱离和记集团。根据公司法、银行法，银行不能从事非金融性业务。债权银行，可接管丧失偿债能力的工商企业，一旦该企业经营步入正轨，必将其出售给原产权所有人或其他企业，而不是长期控有该企业。

李嘉诚凭着个人良好的实力和信用，加上船王包玉刚的帮助，汇丰让售李嘉诚的和黄普通股价格只有市价的一半，并且同意李嘉诚暂付 20% 的现金（即 1.278 亿港元）便可控制如此庞大的公司。

对这次交易，当时英文《南华早报》和《虎报》的外籍记者，盯住沈弼穷追不舍：为什么要选择李嘉诚接管和黄？汇丰银行大班沈弼答道："长江实业近年来成绩良佳，声誉又好，而和黄的业务脱离 1975 年的困境踏上轨道后，现在已有一定的成就。汇丰在此时出售和黄股份是顺理成章的。"他又说："汇丰银行出售其在和黄的股份，将有利于和黄股东长远的利益。坚信长江实业将为和黄未来发展做出极其宝贵的贡献。"

1981 年 1 月 1 日，李嘉诚被选为和记黄埔有限公司董事局主席，成为香港第一位入主英资洋行的华人大班，和黄集团也正式成为长江集团旗下的子公司。

李嘉诚以小博大，以弱制强。长江实业实际资产仅 6.93 亿港元，却成功地控制了市价 62 亿港元的巨型集团和记黄埔。

长江入主和黄，从此李嘉诚的事业如日中天，势不可挡，并由此被誉为"超人"。

点评：做事先做人，一个人无论成就多大的事业，人品永远是第一位的，而人品的第一位就是诚信。诚信，作为一种美德、一项准则，在现今充满机遇和挑战的社会愈显重要。李嘉诚正是以一个"诚"字，展现着他非同寻常的个人魅力和值得信赖的企业文化，为自己和企业赢得了认可与崇敬。

第七章　耻辱之柱

　　孩子藏起成绩单，只能躲过眼前的一顿责罚；商人以次充好，只能赚取这一单的蝇头小利。但是之后，父母最终会在家长会上得知孩子的成绩，就算孩子能够自始至终瞒住家长，这样的欺瞒行为却在他的成长中埋下了或大或小的隐患；商人可以做一单两单的骗人生意，但是产品质量低下、信誉败坏，久而久之，谁还会买他的东西呢？

　　不诚信是在抽取事业大厦的基石，一次不诚信的行为，让一块基石悄然消失，长此以往，大厦终将轰然倒塌。王莽恭谦未篡位时，骗来的一时得意，换来了一世骂名。不诚信犹如背着一颗定时炸弹，随时战战兢兢。而这颗炸弹最终会爆炸，毁去的不仅是虚利浮名，还有背炸弹的人。

　　人生的道路上有两条分岔。一条是诚信，一条是不诚信。走诚信之路，路越走越宽，走不诚信之路，路越走越窄。走哪条，全在一念之间。

一、遭受弹劾的克林顿

　　比尔·克林顿，美利坚合众国第42任总统（1993—2001年），是仅次于罗斯福和肯尼迪之后的最年轻的美国总统，是富兰克林·罗斯福之后唯一一位连任成功的民主党总统。

　　1978年，年仅32岁的克林顿就任阿肯色州州长一职，成为美国历史上最年轻的州长之一。1992年，克林顿竞选美国总统，在内政方面提出一系列改革方案，以43％的公选票、370张选举人票当选美国第42任总统，于1993年1月20日宣誓就职。

　　担任美国总统期间，克林顿政府的经济政策实施得当，美国经历了有史以来最长的经济增长期，出现低通胀与高增长的良好局面。在外交方面，克林顿政府确立了新世纪美国全球战略的基本架构，为今后世界格局的走向奠定了基础。此外，克林顿是美国总统当中不多的少数族裔民权和男女平等的坚定的支持者，故一直深得非裔美国人、中西部和西部蓝领工人以及妇女的爱戴，成为现代美国离任时公众支持率最高的总统。但是这样一位富有才华、成绩斐然的政治家却因为在经济和个人生活上的欺骗以及谎言成为美国历史上第三位遭受国会弹劾动议的总统。

（一）白水事件

　　白水事件发生在比尔·克林顿的第一个总统任期。白宫副法律顾问文森特·福斯特死后，人们获知，白宫总法律顾问伯纳德·努斯鲍姆在福斯特的办公室毁掉了关于白水开发公司的文档。克林顿总统和他的妻子曾投资这家公司，在联邦证券交易委员会对麦迪逊投资担保公司（一家阿肯色州信托公司）破产的调查中，克林顿被控与这次投资欺诈相关。

（二）琼斯丑闻事件

1994 年 5 月，曾在小石城的州长质量管理会议担任登记员的葆拉·科尔宾·琼斯，起诉克林顿总统于 1991 年 5 月 18 日把她召到旅馆房间进行"性骚扰"，并提出索赔 70 万美元。

（三）莱温斯基丑闻事件

1998 年 1 月 23 日，琼斯性骚扰案中证人、白宫前实习员莫妮卡·莱温斯基被指控与克林顿有染。克林顿则暗示莱温斯基否认他俩的关系，同时，克林顿在接受琼斯案"庭外供证"时，也否认与莱温斯基有任何关系。

1 月 28 日，司法部长珍妮特·雷诺授权独立检察官肯尼思·斯塔尔调查莱温斯基女士同克林顿总统的关系。

4 月 1 日，阿肯色州小石城地方法院法官苏珊·韦伯·赖特否决了琼斯在性骚扰诉讼中提出的一切指控，但指出克林顿不能因行政官员豁免权而免于接受调查。

8 月 17 日，克林顿向全国发表电视讲话，承认他和莱温斯基有"不适当"的关系，并承认他和莱温斯基的关系是错误的，他对此将承担全部责任。

在"8·17"事件之后，根据民意调查，克林顿的支持率立刻下滑了 5 个百分点，美国民众对自己总统的行为表示震惊和失望。

但这一切仅仅还只是开始，克林顿的欺骗和谎言损害的不仅仅是他个人的声誉，还导致了更为严重的后果：许多美国民众，包括他的政敌认为，一个没有诚信、撒谎成性的人不适合继续做他们的总统。

10 月 8 日，美国众议院批准对克林顿总统进行正式弹劾调查。

11 月 19 日，众议院司法委员会召开首次正式弹劾听证会，并决定扩大调查范围，就前白宫志愿工作人员凯瑟琳·威利对克林顿的指控和一些其他问题进行调查。

12 月 12 日，由美国共和党委员占多数的司法委员会不顾民主党委员强烈反对，通过了四项弹劾克林顿的条款，并否决了民主党委员提出的对克林顿进行斥责以替代弹劾的议案。共和党方面于 9 日提出克林顿在莱温斯基案中的两项伪证、一项妨碍司法和一项滥用职权的弹劾条款草案。

12 月 19 日，众议院举行全体会议，以简单多数通过了弹劾克林顿总统的两条理由——在与其有关的绯闻案中"作伪证"和"妨碍司法"。

1999 年 1 月 7 日，参议院开始对克林顿进行弹劾审判。

2 月 12 日，参议院在对克林顿总统弹劾案的最终表决中，以 45 票赞成对 55 票反对否决了对克林顿的第一项弹劾条款，即指控他在绯闻案中"作伪证"。以 50 票赞成对 50 票反对否决了他"妨碍司法"的第二项弹劾条款，两项表决都没有达到宪法规定的对克林顿定罪和免职的票数，至此，参议院审理克林顿弹劾案宣告结束，克林顿在这场危机中以微弱的票数胜出，保住了总统的职位。

点评：不可否认，克林顿是一位能力卓越的政治家，他驾驭国家政治及国际事务的能力，与半个世纪以来任何美国总统相比绝不逊色，在他的执政生涯中，他没有被政敌打败，却被自己的谎言和不光彩的私生活拖进了可怕的深渊，差点失去整个政治生命以及家庭幸福。这个故事告诉我们，得道者多助，失道者寡助，失信不立。

二、本·约翰逊"还债"

2013 年 9 月 24 日，加拿大短跑运动员本·约翰逊重返首尔奥林匹克体育场，并站在一张 100 米长的反兴奋剂请愿书旁边做了一个 25 年前同样的庆祝动作。1988 年汉城奥运会他曾在这里创造了百米世界纪录，以及一场震惊世界的兴奋剂丑闻，他这一次故地重游的目的是为一项反兴奋剂活动做宣传。

25 年前的这一天，约翰逊曾赢得 100 米飞人大战，但类固醇药物毁了他的职业生涯和声誉。"回来的感觉很好。"约翰逊说。

1988 年 9 月 24 日下午 1 点 30 分，他走上百米决赛的赛道，随后成就了为人所熟知的"历史上最肮脏的比赛"，当年与约翰逊一同参加奥运会决赛的 8 名选手中，先后有 6 人落网，这还不算先被查出后又被洗清的冠军得主卡尔·刘易斯。

决赛中约翰逊以 9 秒 79 的新世界纪录夺得冠军，但三天后他便被剥夺了金牌，在类固醇检测结果呈阳性后，他的职业生涯也一起被剥夺。

现年 51 岁的他承认当初使用了类固醇，但他仍然认为在这涉药泛滥的领域里，唯独自己被挑选出来不够公平。"我感觉被钉在十字架上，25 年后我依然被惩罚着。"约翰逊说，"很大程度上，我觉得自己是个受害者。我不希望每次有人被查出来时，都提到我的名字。这是不公平的，凭什么我就应该被单独拿出来，被认为是体育历史上最大的欺骗事件？"

1993 年，这位加拿大选手因再次被查出使用兴奋剂而被国际田联处以终身禁赛的处罚。

25 年后，约翰逊作为打击兴奋剂运动的宣传者重返韩国，他重新站上 1988 年参加百米决赛的第六跑道，跑道上展开了百米长的请愿书，上面有 3700 名参加反兴奋剂活动者的签名。走到终点后，约翰逊再次做了 25 年前夺冠后的庆祝动作。

约翰逊在接受 BBC 专访时说："很多人说，时间会治愈伤痛，但我不相信，尽管时间会缓解伤痛，但你的脑海里总会闪现出这样的话：'这是你曾做过的事情。'""我当然自责、后悔，但这不再是我人生中最重要的事，我接受这个结果。"当被问及如果可以重回 25 年前，他是否会想去改变什么时，约翰逊强调：活在过去没有意义。

约翰逊在寻求和解和原谅，达到内心的平静。但他也表示，其实田径运动现在比起他那个时代来并不干净。谈及前不久结束的田径世锦赛 7 人涉药事件时，约翰逊表示："兴奋剂检测水平越来越高，越来越准确，但药物水平也在提高。""我首次踏上跑道时，我以为每个运动员都是通过刻苦训练和优秀教练的指导取得好成绩的，但我的教练查理·弗兰西斯说：'这才是你的对手正在做的，如果你想参与竞争，你必须做这些。'"约翰逊说的"这些"是指服用兴奋剂。

◎ 教人治人，宜皆以正直为先。——宋·王安石《洪范传》◎

他说，以他当年的状态，博尔特赢不了他。不过他也说对田径已没有多大兴趣，他也不看博尔特的比赛。"每次他比赛时，我都抱起孙女出去玩。"

点评：体育竞技本是一件阳光、公平、愉快的活动，展现了人类身体素质和意志品质的完美结合。然而，总有运动员为了拿奖牌，而忘记了这项运动最美好的初衷。现代体育竞技中的兴奋剂丑闻不是个例，说明了有些运动员不能正确对待名与利，最终成为失信的代名词，不得不很不光彩地提前结束运动生涯，也结束了自己原本拥有辉煌的人生的可能。

三、翟天临"学术门"事件

2019 年 1 月 31 日，翟天临在自己的微博上晒出北京大学光华管理学院的博士后录用通知书，得到了众多好友和粉丝的祝贺。作为演艺圈的"学霸"，翟天临的演技一直颇受肯定，又有较高的人气，本该前途一片光明，然而，短短半个月之后，2 月 14 日，翟天临因学术事件在微博致歉，并主动退出北大博士后科研流动站。2 月 19 日，翟天临被北京电影学院撤销博士学位。

这半个月到底发生了什么？作为演艺圈一员的翟天临，又是如何让整个学术圈蒙羞的？

（一）事件起因

2019 年 2 月 8 日，微博上流传了一个视频，翟天临在某直播中，面对网友的提问时，竟不知道知网是什么。网友们对此反应强烈，翟天临作为北京电影学院的博士、北大光华管理学院的博士后，竟然不知道知网，这显然不符合逻辑，网上开始有很多人质疑翟天临的博士学位是否掺假。

随后，翟天临在新浪微博回复网友留言时轻描淡写地称："我说我不知道 1＋1＝2 也有人信吧！"但翟天临的回应并未打消网友们的好奇心，视频被大量转发，事情愈演愈烈，"翟天临问知网是什么"上了微博热搜。

（二）事件发酵

随后，广大网友扒出作为北大博士后的翟天临，知网上竟然搜不到他的博士论文。随后，翟天临工作室出来回复，已联系学校，其毕业论文将由学校统一上传，计划于 2019 年上半年上网，是学校行为，与本人无关。

既然博士毕业论文查不到，那公开发表的文章总有吧，但是搜遍全网也找不到翟博士的论文。有网友在北电图书馆里检索，发现署名翟天临的一共就两篇文章：《谈电视剧〈白鹿原〉中"白孝文"的表演创作》（《广电时评》2018 年第 8 期）和《演员翟天临讲述如何用"下意识"让表演更生动鲜活》（《综艺报》2018 年 5 月）。

不辞辛苦的网友们，又找到北京电影学院博士学位授予细则，翟天临 2014 年开始攻读博士，按照北电 2013 年发布的学位授予细则，答辩前要求先公开发表 2 篇学术论文，且一篇需要

发表在核心期刊,用稿通知也不行。可是,《广电时评》和《综艺报》均非国家认可的学术期刊,更谈不上国家核心刊物。而且,《谈电视剧〈白鹿原〉中"白孝文"的表演创作》这篇文章,总字数2783,重复字数1125,文字复制比达40.4%,涉嫌抄袭,要知道,"白孝文"还是翟天临自己塑造过的角色。

结果一出,全网哗然。此时工作室又发声明,称博士论文完全符合要求,没有"走后门",暗指广大网友没有证据无理取闹。但这也不能阻止网友们的好奇心,搜索跟翟天临同期毕业的其他19人,他们的文章均能在知网查到,而独独没有翟天临的文章,不得不感叹网友力量的强大,"翟天临同期19人论文"等话题再次冲上微博热搜榜,合计阅读量达上亿次。

翟天临博士学历为"非定向(全日制)"博士学历,要求脱产全日制学习,然而在翟天临读博期间却频繁演戏、代言、参加活动。自2014年入学到2018年毕业,读博期间翟天临至少主演了11部戏、参演了7部戏,参加录制了17个综艺节目,并有24个代言。

对此,大家都质疑翟天临"哪有时间搞学术研究?"

2019年2月10日,有媒体截图四川大学学术诚信与科学探索网(四川大学官网下二级网站)将翟天临列入"学术不端案例"公示栏。

这再也不只是娱乐圈的事,翟天临事件引起了教育部的高度重视。

2月11日,北京电影学院成立调查组并按照相关程序启动调查。

2月11日晚,北大光华学院发声明将根据其博士学位授予单位的调查结论做出处理。

2月13日,又有网友查阅到翟天临北京电影学院硕士学位论文《"英雄"本是"普通人"——试论表演创作中的英雄形象与人性》知网查重结果显示,论文共32628字,重复字数为11818字,总文字复制比为36.2%,去除引用文献部分,文字复制比仍占25.9%,其中单篇最大文字复制比显示为陈坤的毕业论文。

2月14日,翟天临通过个人微博发表致歉信。

2月15日,教育部回应"翟天临涉嫌学术不端事件"称,教育部对此高度重视,第一时间要求有关方面迅速进行核查,北京市有关方面督促和指导北京电影学院组织开展调查,北京大学也开展了相关核查工作。

2月16日下午,北京大学发布关于招募翟天临为博士后的调查说明:确认翟天临存在学术不端行为,同意翟天临退站,责成光华管理学院作出深刻检查。

2月19日,北京电影学院发布关于"翟天临涉嫌学术不端"等问题的调查进展情况说明,宣布撤销翟天临博士学位,取消其导师博导资格。

翟天临事件因为涉及教育公平问题而备受关注,但其中翟天临本人的行为方式也值得我们深思。

翟天临曾说自己的高考总分过了一本线,刚刚达到了国际关系学院的录取分数线,有网友据此又进行了查阅,发现2006年国际关系学院在山东的文科录取分数线是641分。他又在采访中称自己的数学成绩只有19分,但文综成绩接近满分,网友推算,在这种情况下他的文综总分需高达270分以上,由此推断其语文和英语需分别达到145分。

据网友介绍,2006 年的山东语文卷难到可以用"惨烈"来形容,而当年的山东省文科状元文综成绩也才 267 分。

有网友在 2007 年山东现代教育艺术类指导专刊里发现,在 2006 年北京电影学院只收录了两位学生,其中一名便是翟天临,通过表格中记载的信息也可以清楚地得知,当年被收录的两人的高考成绩分别为 402 分与 348 分。

翟天临自吹自擂,说话不经大脑,又一贯在微博上打造"学霸＋演技"人设,最终自招祸患,归根到底,是不诚导致的。借用《人民日报》的一句话:欲戴冠冕,必承其重。不管是普通人还是明星,不管是学生还是社会人士,有真才实学就不怕别人质疑,弄虚作假一定经不起推敲。

点评:子曰:知之为知之,不知为不知,是知也。知道就是知道,不知道就是不知道,这才是真正的智者。自我吹捧、夸大其词的人,表面上看起来很牛,但其实是空心的萝卜,小人作风。我们都知道,治学是一个循序渐进的过程,需要的是扎实的基本功,不能取巧,也作不得伪。不懂装懂,强充内行,只会贻笑大方。其实孔子说治学之道,也是为人处世之道。人行走于世,应该有"三人行必有我师""不耻下问""功成不必在我"的谦逊低调,待人以诚,对事以真,翟博士应该明白,头衔只是一时的,精湛的演技、优秀的素质才是长久的。

四、大众汽车"排放门"事件

2015 年 9 月 18 日对于德国大众汽车公司来说是一个灾难性的星期五。

美国环境保护署当日对大众公司提出指控,称其美国市场的部分柴油车存在使用操控软件躲避尾气检测的情况,涉及 48.2 万辆车。

"排放门"事件自此浮出水面。

监管部门调查发现,大众汽车所售部分柴油车安装了专门应付尾气排放检测的软件,可以识别汽车是否处于被检测状态,继而在车检时秘密启动,调控所排放的尾气。这样一来,它们在车检时能以"高环保标准"过关,而在平时行驶时却超标排放污染物,最大可达美国法定标准的 40 倍。违规排放涉及的车款包括 2008 年之后销售的捷达、甲壳虫、高尔夫、奥迪 A3 以及 2014 至 2015 款帕萨特等车型。

这一消息令美国监管部门、环保组织和消费者等各界人士感到震惊。美国已暂停了大众品牌的柴油汽车的新车销售。美国环境保护署和空气治理委员会宣布立即介入调查,美国司法部也宣布展开刑事调查,据称美国国会计划在几周内宣布对大众的排放检测丑闻进行听证。根据美国《清洁空气法》,每辆违规排放的汽车可能会被处以最高 3.75 万美元的罚款,大众面临的罚款总额可能高达 180 亿美元。

"排放门"丑闻不断发酵,其影响迅速在全球蔓延。德国的交通部门表示,大众汽车公司已经承认在欧洲也使用了在美国市场使用的排放检测造假软件,在德国市场涉及的汽车达 280 万辆。

欧盟呼吁 28 个成员国调查制造商的汽车排放检测是否符合环保法规,包括德国、瑞士、意大利、法国、英国和韩国在内的多个国家的监管部门都在针对大众进行相关调查。挪威、澳大利亚、印度政府宣布调查本国在售的大众汽车是否有类似问题,要求大众公司尽快"给个说法";韩国环境部表示将考虑是否勒令大众进行召回;瑞士表示将暂停大众柴油车在该国的新车销售;西班牙政府表示,要求大众归还采用了造假软件的柴油汽车获得的高能效车辆补贴。

除了来自监管部门的调查,大众也立即成为法律公司的关注目标。法新社的报道称,有不少律师正在排队等着向大众提起诉讼,西雅图的一家律所已经向大众提起了相关的集体诉讼。

丑闻曝出后,德国大众立即发表声明致歉,表示将全力调查此事,坦言全球大约有 1100 万辆车牵涉其中,并拨备 65 亿美元资金应对此事。但这并未能阻止大众股价 21 日开盘就开启了暴跌模式,两日内分别下跌 17% 和 20%,跌至四年低点,市值蒸发 250 亿欧元。为重振外界信心,大众首席执行官(CEO)马丁·温特科恩 23 日宣布辞职。随后两日,大众股价有所回升,但 25 日因为丑闻持续发酵再次下滑超过 4%。业内预计还有更多大众集团高管将会离职。

大众下调了 2015 年的盈利预期,国际评级机构已经警告可能下调该公司的评级。分析认为,目前大众面临三大挑战,即应对来自全球监管部门的调查,修补严重受损的声誉和重建投资者信心。

大众"排放门"之后,全球监管部门迅速做出反应,但事实上,相关问题早在一年前就已经被报告给美国和欧洲的监管部门。

据英国《每日电讯报》网站报道,大众的这一丑闻首先是由两名环保人士揭露的。为了在欧洲证明清洁的柴油燃料是可以生产出来的,清洁交通人士彼得·莫克和约翰·杰曼 2014 年初开始检测美国汽车排放量。在一次从圣迭戈开往西雅图的检测中,他们意外地发现,尽管通过了实验室检测,但是大众品牌汽车正常行驶中排出的有毒物质却达到了危险的水平。原来,大众并没有生产出清洁的汽车,而是利用软件造假通过官方测试。这也解释了为什么美国的汽车可以毫不费力地通过比欧洲更为严格的污染检测。

报道称,杰曼是总部设在柏林的国际清洁运输委员会的工作人员,因此将发现的相关情况提供给了加州空气资源委员会和美国环境保护署。他们随后遭遇了大众公司长达数月的阻拦。直到上述两家监管机构拒绝为大众 2016 年柴油车颁发合格证书时,大众公司才在 9 月初承认犯下了错误。

点评:大众品牌拥有近百年历史,德国制造更是品质的保证。这次大众因为弄虚作假,而非质量问题被大家指控,不仅对德国制造造成了极坏的负面影响,对品牌自身来说更是难以预估的损失。建立一个品牌并使之美名远播需要很长的时间和心血,然而一个品牌的跌落只是一瞬间的事情。这件事告诉我们,企业经营,没有捷径,没有运气,只有脚踏实地,诚信经营,才能基业长青。

◎ 君子以其身之正,知人之不正;以人之不正,知其身之有所未正也。——宋·苏轼《私试策问》◎

五、家乐福价格欺诈事件

记者从云南省物价局价格监督检查处了解到,云南省物价局在 2011 年元旦、春节期间组织的市场价格检查中,发现昆明家乐福超市有限公司的部分门店存在价格欺诈行为,云南省物价局分别对昆明家乐福超市有限公司白云店和世纪城店做出了罚款 50 万元人民币的行政处罚决定。

经进一步查实,昆明家乐福超市有限公司白云店在销售老树普洱茶时,宣传海报标价为 60 元/盒,但实际结算价为 120 元/盒。世纪城店在销售 2000 克火腿礼盒时,销售价格为 168 元/盒,价签标示时用大号字体标示"16",用小号字体标示"8.0",诱导消费者误认为销售价格为 16.80 元/盒;销售的梗冠绿色盘锦大米有 64.60 元/袋和 69.70 元/袋两种标价、猫哆哩酸角糕有 11.08 元/袋和 11.80 元/袋两种标价、好彩头散装豆干有 27.80 元/千克和 33.60 元/千克两种标价、士力架家庭装有 32.90 元/盒和 33.50 元/盒两种标价等,以上商品均以醒目标价牌标示低价,而结账时均以小标价签标示的高价进行结算。

上述行为已构成价格欺诈的违法行为,严重侵害了消费者权益。根据《中华人民共和国价格法》第四十条、《价格违法行为行政处罚规定》第七条的规定,云南省物价局分别对昆明家乐福超市有限公司白云店和世纪城店做出了罚款 50 万元的行政处罚决定。

(一)昆明家乐福:发现"低标高结"按差价五倍补偿

在国家发展和改革委员会 2011 年 1 月 26 日关于家乐福等超市有关问题的通报中,昆明家乐福的白云店和世纪城店也被点名。云南省物价局价格监督检查处处长郭继先介绍,云南省物价局于 2011 年 1 月 20 日至 21 日连续两天对家乐福在昆明的 5 个店进行调查,查实昆明家乐福超市在经营中主要存在三方面的价格问题:一是宣传价与结算价不符;二是同一商品两种标价;三是模糊商品标价。

对于通报中指出的价格问题,昆明家乐福超市有限公司公共事务部相关人士称,国家发展和改革委员会通报后,公司高度重视并连夜进行整改,目前通报的问题已经整改完毕,公司正对可能存在的类似隐患进行排查,现在 8 成以上的商品已排查完。

记者前日在昆明家乐福超市看到,"若您在本超市购买的商品扫描价格高于商品的标示价格,我们将给予您该商品差价 5 倍的补偿"的标语已被贴在超市收银台旁的柱子上。同时,还看到一些工作人员正在对商品价签进行核对,并将部分过期的价签进行更新。

据记者了解,为规范经营者价格行为,维护正常的市场价格秩序,昆明市价格监督检查局 27 日组织多家超市、家电经营单位价格工作负责人召开了规范明码标价提醒告诫会,要求各大型超市和家电经营者自觉加强价格自律,规范价格行为,如若出现违反价格法律法规的行为,一经查实将视情况罚款,情节严重者还将被停业整顿。

云南省物价局还要求各超市、家电经营者吸取家乐福价格问题的教训,立即组织开展自查,认真核对所售商品是否存在价签标价和结算价格不一致、促销标示的原价不真实、明码标

价不规范等问题,若发现问题的,要及时予以纠正,多收消费者价款的,要全额予以清退。

昆明市价格监督检查局局长王贵平表示,春节期间市县价格联合检查组将加强对大型超市、家电经营单位市场价格的监督检查,做到一日一检查,一日一上报,重点打击恶意囤积、哄抬价格、变相涨价以及合谋涨价等违法行为,严厉查处恶性炒作事件,维护市场价格秩序。

(二)网友:绝非工作失误,而是故意坑人

国家发改委 26 日宣布,家乐福在部分城市的连锁店存在虚构原价、低价招徕顾客、高价结算等欺诈行为,同时被点名的还有另一国际零售巨头沃尔玛超市。这一消息引发网民高度关注,进而引发了众多网民争相晒在家乐福的"受骗记",有一家网站甚至开通了"说说你在家乐福的上当经历"的论坛。

江苏无锡网民"fusp97"表示:"我在家乐福买咸鸭蛋也被黑过,标价 10.80 元/6 只,结账却是 12.60 元,我拍照投诉。退了 1.8 元,哈哈,他们说是新价牌没换上。"不少网民表示:家乐福进行价格欺诈的手法并不高明,但恰恰利用了消费者的心理——对国际知名品牌的信任。网民们互相"交流"受骗记之后,恍然大悟:绝非工作失误,而是故意坑人。

上海市消费者权益保护委员会秘书长赵皎黎说:"这些年来,我们接到过很多类似的消费者投诉,不单单是家乐福、沃尔玛,几乎涉及各家超市、大卖场。"她表示,消费者反映的问题,与此次国家发改委曝光的价格欺诈行为差不多。"这些价格欺诈问题,应该是企业的诚信出了问题!"

点评:诚实守信不仅是一种道德力量,也是一种经营手段。企业的诚信,是社会责任。为商之道,要学会让利于客,义中取利,才能基业永固。家乐福忽视诚信,利用过去的声誉和消费者的信任胡作非为,最终只会自食其果。

六、"刘羚羊"假照风波

2006 年 6 月,《大庆晚报》摄影记者刘为强在可可西里给自己挖了一个坑。"征得管理局的同意在迁徙通道挖了一个简单的掩体。所谓的掩体,其实就是一个小坑。在海拔 4600 多米的高原连喘气都费劲,挖一个能容纳两个人的掩体整整耗掉了我 3 天的时间。挖完小坑后,再在上面盖上一些东西,东西上面再盖些沙石之类。这样,藏羚羊就不会害怕了……"

在这封回复采访的电子邮件里,他向《人民摄影报》女记者梁丽娟如是描述在坑里拍摄藏羚羊的经过:

"在掩体里苦苦等待了 8 天的我终于在 6 月中下旬(约 6 月 20 几号)拍到了这一瞬间。记得当时已经不抱任何希望的我看到火车驶过大桥,看到下面一群藏羚羊同时奔跑的时候,心跳都在加剧。好在拍摄了几张,而藏羚羊和火车同时存在的只有三张。这也是我在掩体里拍摄的唯一迁徙的瞬间。后来我用这种方法拍摄了许多高原骄子——藏羚羊的精彩瞬间。"

这张照片,被命名为《青藏铁路为野生动物开辟生命通道》,半年后,它获得了 CCTV"《影响 2006》年度新闻记忆"特别节目的新闻图片十佳铜奖,刘为强从此一举成名。

3 个月后,2007 年 3 月 7 日的《人民摄影》报头版头条刊发了梁丽娟采写的《那一刻,我拍下了藏羚羊穿越青藏铁路》。在报道中,刘为强的头衔不再是《大庆晚报》摄影记者,而是"中国藏羚羊四季生态拍摄者",三张连拍照片则放在报道上方最醒目的位置。报道下方,是刘亲自撰写的《千古一瞬,真爱永恒》,记叙了他用镜头"见证中国藏羚羊交配全程"的过程。

如果没有后来发生的事,刘为强和藏羚羊的故事将是感人的和完美的,此前从未有人拍到过"羊和火车"如此和谐的场面。但网络戳穿了这一谎言。2008 年 2 月 12 日,网友 DAJIALA 在中文摄影网站"色影无忌"上发帖,指出刘为强的获奖照片疑似造假:"图片的最下方,有一道十分明显的线……仔细观察,这明显是一道拼接的痕迹。"从这一质疑开始,大半年来因华南虎照片造假疑云所累积的网络情绪,被以令人吃惊的速度引爆,"刘羚羊"迅速成为一个公共事件。

刘为强随后承认了造假事实。6 天后,他的所获奖项被宣布取消,刊登该照片的多家媒体发出谴责联合声明,刘为强及其所在单位《大庆晚报》分头发出致歉信。同一天,他宣布辞去公职,自己承担一切责任。刘为强的光荣和梦想,就此栽倒在自己挖的这个被称为"羚羊门"的大坑里。

当初参与评审同意颁发大奖的摄影界内评委,此时被广泛质疑——一篇帖子就轻易甄别了的假照片,何以能在高水准专家的眼皮底下,闯关斩将?

(一)贺延光的歉意

"羚羊门"事件爆发后,记者拿到一个不少于 12 人的评委名单,其中大多是各大平面媒体的图片总监。有消息人士称,在评审现场,就有评委对刘为强照片提出疑问。

《中国青年报》图片总监贺延光是最早的质疑者之一,也是唯一表示要道歉的评委。"不管怎么说都应该向参赛的所有作者表达自己的歉意……我觉得是评委就得为这个事情负责任,不在于当时是赞成还是反对。因为最后的结果是评委会的结果,至于当时是几票通过,那不过是过程,我们最后宣布的是结果。"2 月 20 日,鼠年元宵节的前一天,在宁波出差的贺延光在电话中说。

他表示,获知消息至今,依然觉得"羚羊门"即使对摄影界来说,也是一件非常恶心的事情。而回顾整个评审过程,贺延光认为评审环节徇私的可能性很小,因为参赛者的名字都是密封的,而根据他所掌握的情况,所有评委和刘为强都没有利害关系。

在贺延光看来,评委的责任更重要的是在出了事情后一定要有旗帜鲜明的态度,是回避还是处理。"我的观点是一经发现,立即处理!"他赞同"羚羊门"事件的处理结果,就他记忆所及,这是多年来他所记得的最严厉的一次处罚。

"不要把这个事情仅仅当作摄影界的事情,从上到下,从下到上,尤其是去年包括华南虎照在内发生的一系列造假事件,说明社会土壤和风气有问题。"采访末了,贺延光说。此观点得到了另外一位评委、《新民晚报》首席摄影记者雍和的赞同。

对摄影界新闻作品造假问题,雍和一连用了三个成语来定性:由来已久、司空见惯、屡见不鲜。雍和说,问题一般还没人管,"造假算什么?只要你不犯政治错误"。

(二)柴继军的懊恼

在贺延光接受采访的前一天,另外一位评委柴继军,也给他打来电话征求对处理意见草案的看法。

柴继军是评委中身份最特殊的一位。作为央视 2006 年度新闻图片十佳评选的承办方,国内著名图片库 China Foto Press(下称 CFP)负责人得以参与此事善后,起草处理结果的草案,并打电话联系众评委征求意见。

柴继军坦承,央视新闻中心作为主办单位并不熟悉平面媒体,很难在短时间内筹集到大量参赛照片,这是委托 CFP 作为承办单位的原因之一。

记者登录央视国际网站查询得知,该次活动向全国征集照片的公告落款日期是 2006 年11 月 19 日,而央视新闻频道播出事先录制好的颁奖晚会是在 2007 年 1 月 3 日,两者相距不到一个半月。

柴继军指出,因为时间太紧,央视此次年度新闻图片十佳评选的参赛作品,并非像外界估计的那样是全国各地摄影记者应征,而主要来自承办单位 CFP 从自身图片库的筛选。

此外,在业内享有盛名的《人民摄影》报的推荐,也是参赛图片第二个重要来源。两位评委——《人民摄影》报总编霍玮和《新民晚报》首席摄影记者雍和证实了这一说法。

据刘为强自己的陈述,照片拍摄时间为 2006 年 6 月 23 日。记者网络检索发现,这张照片最早正式发表的时间,是拍摄 4 天后的 2006 年 6 月 27 日,发表平台是新华网,除这张肇事照片外,同时发表的还有刘的其他四张类似主题的照片,而刘本人恰是新华社的签约摄影师。

柴回忆,正是看到新华社中国图片总汇刊发这张照片后,他才安排 CFP 工作人员主动打电话给刘为强,签下该照收入图片库,随后又荐其参选。

(三)霍玮的疑虑

柴继军的懊恼,和霍玮相比可能算不了什么。霍玮事后回顾,在"羚羊门"事件前后,至少有三次机会有可能识破刘为强设置的骗局。

霍玮说,评选前,曾听手下一名摄影记者聊过刘为强照片可疑;《南方日报》摄影部主任钟荣健,曾在某个摄影界联谊的场合提醒过他,因此评选之初他就对该照心存警惕(钟荣健证实曾就此事当面提醒霍玮)。

和这次被网友揪出的 PS 痕迹不一样,评审会上几位评委的主要疑点集中在一点,那就是天性胆小、极易受到惊吓的藏羚羊在列车驶过时出现,不符合常识。曾经实地去可可西里拍摄过的霍玮说,要么有羊,要么有车。又有羊又有车两个元素同时出现彰显和谐主题,太巧太难了。

贺延光和雍和都回忆,贺当场提议霍玮找刘为强核实照片真伪,霍玮旋即打电话给《人民摄影》报副总编尹玉平和记者梁丽娟布置此事。"结果他们很快向我回复联系核实的情况,说刘为强在电话里强调是在守候了8天后拍摄的,'以人格保证照片没问题'。"霍玮说。在将反馈结果告知众评委后,大家不再有异议,搁置质疑开始投票。

多位评委还证实,包括颁奖典礼在内,央视那次年度新闻图片十佳评选,在2006年底一共开了三次会,前两次都是评委参加的评审会,地点都在央视东门北侧的梅地亚中心,前后大约花了两天。因此,评选结果出来以后与颁奖晚会正式公布结果之间,还有一个时间差。

在这个时间差里,霍玮心里还是有几分不踏实,便安排尹玉平悄悄联系了两位业内专家对刘为强的照片进行鉴定。颁奖结果公布前夕,尹玉平汇报:两人的答复都是很难鉴别出真假。对数码摄影元数据颇有研究的《深圳特区报》摄影记者齐洁爽是两位专家之一,2月20日齐向记者证实了此事,当时尹志平送来的照片"从像素上看不出问题,除非能调取作者拍摄的原图"。

至此,评委这个门槛,刘为强闯关成功。

最后一次考验,发生在几天后举行的颁奖典礼上。身着迷彩服留着一头长发的刘为强到场领奖,面对主持人李小萌的提问,再次面不改色地重复了他的挖坑故事,赢来满场掌声。这是霍玮第一次见到刘为强,霍承认当时他也被感动了,作为亲历者,他知道拍摄藏羚羊的艰苦程度。

同时出席典礼的《南方都市报》摄影部主任王景春很清晰地记得,即便在典礼后的晚宴上,面对众多同行的盘问,刘的表现也十分镇静坦然,看不出丝毫破绽。

(四)郎树臣的沉默

随后发生的事情,让霍玮渐渐消弭的疑问又汇集起来。央视颁奖典礼过后的同月底,《人民摄影》报和中国新闻摄影学会一年一度的新闻摄影作品大奖赛在长春莲花山召开。这个俗称"金镜头"的摄影大赛在业内名声很响,但刘为强没有将他的藏羚羊照片报名参选。

爱才心切的霍玮觉得有点奇怪,电话过去询问,刘的回答是正在可可西里拍摄,没时间参加。有意思的是,尽管刘为强不在,他和他的藏羚羊照依然成为大赛上的争议焦点之一。《南方日报》摄影记者郎树臣的一幅名为《藏羚羊穿越青藏铁路》的参赛照片,让大家想起了刘为强。两张在同一个地方拍摄,主题也相同,不同的是,郎的照片是在铁路桥上俯拍,"有羊没车"。

在接受记者采访时,郎树臣表示,其实他早就知道刘的那张照片是假的,因为当时刘为强拍摄时,他也在现场拍摄同一批羊群。也即,刘为强拍摄的也是一张"有羊没车"的照片。郎树臣强调,两人拍摄的两张"有羊没车"的照片,拍摄时间只相差一秒。郎还指证,即便在他拍摄结束先行离开后,在刘为强挖的坑里,还有一个同样来自大庆的助手,应该了解这些照片的全部过程。

为什么那时不站出来说?郎树臣解释,作为同样在铁路桥那里守候藏羚羊的同行,刘为强帮他联系过索南达杰保护站的住宿问题,彼此都是朋友,"不好意思说",何况"这也是评委的事情"。但让郎树臣始料未及的是,评委们居然对他的照片产生了争议。霍玮和雍和回忆,有人

提出，比起刘为强那张"有车有羊"的照片，郎树臣"有羊没车"的照片逊色太多，拿奖不够分量。

接着也有人提出，刘的那张照片太完美太巧合，至今还有疑问。不在场的刘为强和他藏羚羊照片的真伪之争，随之重新成为焦点。

同样担任评委的王景春回忆，担任大赛评委会主席的贺延光最后提出了一个"无罪推定"的原则，适时终结了争议。争议的结果是：刘为强那张央视大奖照片，因为没有参赛，也没有明显证据，继续搁置争议，"把真相交给时间"。

最后，郎树臣那张"有羊没车"的《藏羚羊穿越青藏铁路》，因为"更趋近于真实"，获得这次"金镜头"大赛自然及环保类的单幅银奖。

春节过后的华赛摄影大赛，刘为强依然不见踪影。霍玮越来越觉得不对劲，遂在该报编前会上郑重做出安排，要求尹玉平和梁丽娟继续调查。2007年3月初，梁丽娟通过电子邮件采访了刘为强，随后将刘提供的3张连拍照片，送交北京一家名叫中科希望的软件公司鉴定，但依然没有得出清晰的结论。

梁丽娟表示，情况不明朗，她只好以介绍刘为强获奖作品创作经验为由，将这三张照片和刘自述的拍摄过程刊登在当月7日的《人民摄影》报上。2月20日，尹玉平特意来电向记者强调，决定同时刊登这三张照片，其实暗含该报的态度，而非单纯的肯定和褒扬。

郎树臣分析，之所以这些机构和专家很难鉴定出来，很可能是刘为强将照片PS合成完以后，冲出来一张，再用相机翻拍，如此在画面和元数据上很难看出来，还会有完整的底片备查。

（五）网络的功劳

让人始料未及的是，这些问题在网络上居然迎刃而解。数码摄影专家齐洁爽感叹草莽间藏龙卧虎。贺延光感谢网友监督，感叹"以前造假事件层出不穷，但都是圈内的事情，现在是社会上的事情了"。

追溯所有造假过程，刘为强本人也未必对网络力量没有认识，他除了最初将假照片交给新华社发表外，极少主动参与摄影竞赛之类活动。一位网友感叹，"羚羊门"事件尘埃落定后，虽然还有些谜底没有彻底解开，很难说刘为强是一个处心积虑城府很深的人，但他的冒险举动背后，又呈现出复杂的性格特征，如明知有明显的瑕疵甚至有目击证人，却企图用并不算高明的谎言来营造一夜成名的梦想，又随时小心翼翼地规避着可能出现的危险；刚开始不惜铤而走险来延续谎言，又马上以罕见的坦率承认一切错误，甚至甘愿接受最严厉的处罚。

点评："周老虎""刘羚羊"的出现，让整个社会对诚信的呼唤愈加迫切，对诚信缺失的担忧日益明显。作为新闻工作者，刘为强的做法亵渎了新闻的真实，辱没了记者的使命。即便他最终承认造假，但其冠冕堂皇的说辞难以令人信服，愈加名誉扫地。公民的诚信素养体现了一个社会的文明程度，一个民族的公信力。而当前，公民诚信素养的形成、诚信体系的完善显然并没有与社会经济文化发展的速度保持一致，这不得不令人深思、警醒……

七、阿里巴巴的"诚信危机"

据阿里巴巴集团旗下菜鸟网络透露,一家名为"城市100"的快递公司被强制从淘宝平台上下线。菜鸟方面称,因该快递公司协助商家炒作信用,使淘宝等阿里系电商平台都不再与该公司开展快递业务合作。

这是菜鸟网络首次对快递公司协助商家"炒信"采取行动,也意味着阿里打击"炒信"扩大至物流环节。此前,阿里打击"炒信"主要从商家管理层面着手,根据严重程度,对"炒信"商家进行扣分、降权直至关闭店铺的处罚。2015年1月,阿里巴巴旗下平台天猫商城发布服务新标准,提出严厉打击刷单、炒作信用等现象。

菜鸟网络负责人表示,菜鸟将出台该类行为惩处规则,并通过线上数据监控及线下调查取证等手段,与快递公司联合打击商家炒作信用。

目前,菜鸟网络平台集聚了上百家物流快递公司,服务于淘宝、天猫、聚划算等阿里系电商,占全国快递包裹近70%的份额。对快递公司而言,菜鸟下线其服务意味着将失去不少市场份额。

随着网购行业快速发展,商家多如牛毛,产品参差不齐,服务好坏不一,社会诚信也面临巨大挑战。淘宝作为行业品牌,自然有责任带头监督管理与之相关的企业行业,共同做好物流、售后等服务,让老百姓放心满意。但是,追溯到几年之前,阿里巴巴也曾经遇到过类似的危机,当时的情形如今依然值得所有企业深鉴。

(一)阿里巴巴B2B遭遇诚信考验

2011年2月21日,阿里巴巴B2B公司(1688·HK)发布公告,2010年该公司有约0.8%即1107名"中国供应商"因涉嫌欺诈被终止服务,该公司CEO(首席执行官)卫哲、COO(首席运营官)李旭晖为此引咎辞职,目前由淘宝网总裁陆兆禧兼任阿里巴巴B2B公司CEO。先后有近百名销售人员被认为负有直接责任,这些人员将按照公司制度接受包括被开除在内的多项处理。阿里巴巴表示,公司决不能变成一家仅以赚钱为目的的机器,违背公司价值观的行为丝毫不能容忍。

(二)阿里巴巴关闭1107个不诚信账户

从2009年开始,阿里巴巴B2B公司国际交易市场上有关欺诈的投诉时有发生。虽然从2010年第三季度开始,B2B公司已经开始关闭涉嫌账户并采取措施以图解决问题,但上述投诉仍未绝迹。

B2B公司董事会曾委托专门的调查小组,对上述事件进行了独立调查,查实2009、2010年两年间分别有1219家(占比1.1%)和1107家(占比0.8%)的"中国供应商"客户涉嫌欺诈。上述账户已经被全部关闭,并已提交司法机关参与调查。

在调查环节中,有迹象表明,B2B公司直销团队的一些员工,为了追求高业绩高收入,故意

或者疏忽而导致一些涉嫌欺诈的公司加入阿里巴巴平台。先后有近百名销售人员被认为负有直接责任。

B2B 公司公告称，上述不诚信事件未对该公司相关财务期间构成任何重大财务影响。

（三）马云誓捍客户第一价值观

据公告称，无论是卫哲、李旭晖或其他高级管理人员均没有参与任何关于不诚信供应商诈骗买家的活动，但是，董事会接纳卫哲及李旭晖为本公司诚信文化受到有组织性破坏而承担责任的意愿。

卫哲在一份媒体声明中表示，为上述事件进行公开道歉，"正是基于对客户第一的使命感，和阿里人为了组织健康的责任感，我才提出辞职申请"。

在同日一并发出的马云致员工的公开信中，他要求所有阿里人对不诚信行为采取零容忍态度。他说："客户第一的价值观意味着我们宁愿没有增长，也决不能做损害客户利益的事，更不用提公然的欺骗。"

"对于有才干的人离开公司，我感到非常痛心。卫哲和李旭晖愿意承担责任是非常值得钦佩的行为，我衷心感谢他们过去对本公司付出不懈的努力，"马云说，"这是我们成长中的痛苦，是我们发展中必须付出的代价，很痛！但我们别无选择。"

马云的公开信提到，这一个月来他很愤怒，也很痛苦："对于这样触犯公司价值观底线的行为，任何的容忍姑息都是对更多诚信客户、更多诚信阿里人的犯罪！我们必须采取措施捍卫阿里巴巴价值观！所有直接或间接参与的同事都将为此承担责任，B2B 管理层更将承担主要责任！"

马云要求 B2B 团队必须进行深刻检讨，要拥有"面对现实，勇于担当和刮骨疗伤的勇气"。

阿里巴巴方面进一步表示，该公司还将继续行动，查找任何政策上、结构上、程序上和系统上的不足之处，以防止同类事件的再次发生。

点评：诚信是电子商务的命根子，为了维护阿里核心价值观，防止诚信溃于蚁穴，阿里巴巴付出了沉痛的代价，但若不如此，阿里的前途可能就此停步。如今，阿里能够继续在行业领航，不得不得益于其敢于担当的勇气及改正错误的果断。作为一家成功的企业，必须与时代同行，强调责任和担当，在为社会主义主流价值输出贡献的同时，也是为自己赢得未来发展的主动权。这也说明了一个问题，谁也无法侥幸逃脱社会、人民的监督，诚信立业才是正道。

你我之间：诚信人

"人无信不可，民无信不立，市无信不兴，国无信不威"。以诚待人，以信为本，这是一个人在社会上做人的基本道理。有了诚信才有信任；有了诚信才有荣誉；有了诚信才有发展。如果一个人失去诚信，那他做的任何事情都是徒劳的，做的人更不是光明正大的。所以说做好诚信，利人利己。

第八章　大学生诚信行为的调查、剖析与指引

诚信是一种品格,是中华民族的传统美德,是当代社会主义道德体系的基本范畴和市场经济伦理的支柱。继党的十八报告将"诚信"贯穿于社会主义核心价值体系之后,习近平总书记又在不同场合对诚信的重要性做了多次阐述,为诚信在社会生活、外交关系和时代价值上的体现开启了多维视野,提供了基本遵循。党的十九大报告再次提出:"社会主义核心价值观是当代中国精神的集中体现,凝结着全体人民共同的价值追求。要以培养担当民族复兴大任的时代新人为着眼点,强化教育引导、实践养成、制度保障,发挥社会主义核心价值观对国民教育、精神文明创建、精神文化产品创作生产传播的引领作用,把社会主义核心价值观融入社会发展各方面,转化为人们的情感认同和行为习惯。"

习近平总书记在党的十九大报告中强调:"青年兴则国家兴,青年强则国家强。青年一代有理想、有本领、有担当,国家就有前途,民族就有希望。中国梦是历史的、现实的,也是未来的;是我们这一代的,更是青年一代的。中华民族伟大复兴的中国梦终将在一代代青年的接力奋斗中变为现实。"为此,加强青年大学生诚信教育,树立诚信意识,建立诚信机制,对于提高全民族的公信力,在全社会倡导和弘扬诚实守信的良好风气,促进社会文明程度的提升,都具有十分重要的意义。但在国家物质文明建设与精神文明建设取得了巨大进展的今天,由于社会主义市场经济转轨过程中体制的不健全,行为的不规范,传承几千年的诚信美德在强大的经济利益面前受到严重冲击,出现"诚信危机",导致人们的不诚信行为在社会生活中频频涌现。象牙塔里的大学生也不例外,大学生诚信缺失问题值得关注,高校大学生思想道德素质与诚信教育亟待重视。

为了解新时代大学生的诚信状况,同时结合当今社会主题,促进社会主义核心价值观在青年学生中的进一步弘扬,本书编写组在 2014 年 6 月开展面向浙江、福建、山西、辽宁等地的 7 所高校 1500 余名大学生调研的基础上,于 2018 年 12 月,又在新疆维吾尔自治区不同民族青年大学生间组织了一次诚信观的调查。此次共发放问卷 620 份,共回收有效问卷 609 份,有效率高达 98.2%,通过两次调查的加权统计总结,对比分析,加深了本课题的真实性、普遍性及代表性。本次调查旨在了解在校大学生对诚信的基本看法,在实际学习、生活中对诚信的遵守情况等。本章就调查的主要情况做简要分析,并提出今后指导诚信教育工作的思路和措施。(调查问卷参见书尾附件)

一、大学生对待诚信的基本态度与行为

(一)诚信作为一种道德理想和人生修养,得到学生的普遍认同

诚信作为中华民族的传统道德之魂,对学生来讲有很强的认同感和亲和力,作为一种理想层面的道德修养,学生普遍认同。在调查中,76.2%的学生认为诚信在中国传统文化中占有很重要的地位;86.3%的学生把"诚实守信"作为描述一个人品质的第一关键词语;56.6%的学生认同要防止"毒面粉""大学生高考枪手"事件频发,最主要的手段应当是诚信教育这一观点。

从认识层面来讲,92.6%的学生表示对诚信问题很重视;59.6%的学生表示诚信给自己带来的最大益处是提高自己的道德修养;多数学生把诚信作为一种重要品质来看待,36.7%的同学认为在构建诚信社会中,道德约束比法律约束作用更大。

(二)对于学习中的诚信,学生既注重它的存在又承认在实际中很难做到

对于学生在图书馆借书延期不还或在所借的书籍上批注、涂改的现象,47.9%的学生认为只为自己的方便,而不考虑别人,不遵守图书馆的规章的这种行为不可取;14.2%的学生表示管好自己就可以了,其他人管不了;22.2%的学生认为这种现象的频发完全是图书馆的管理制度不严格造成的;而15.7%的学生认为这也是学生获取和占有知识的一种体现,可以理解。

考试作弊现象在高校仍屡禁不止,大学生考试作弊已经是一个普遍的不争的事实,而且作弊者队伍越来越庞大,手段也越来越先进,不少地方还出现了以赚钱、营利为目的,有组织、有中介的"职业枪手"队伍,严重削弱了我国考试认证制度的权威性和相关证书的含金量。在"认为大学生考试作弊的人数占所有人数的多少"一题中,17.2%的学生认为较多人这样;40.3%的学生认为少数人这样;25.2%的学生认为极少有人这样,说明大部分学生对待考试的态度是十分端正的。在问到对于校园里出现的"枪手""枪手中介"有何看法时,63.4%的学生回答这涉及一个人的道德问题,应该大力禁止;7.5%的人持无所谓的态度;只有12.8%的人认为这是一个正常现象。

(三)对于诚信与信贷,很多学生认识到国家助学贷款是一种契约

2000年开始,全国范围内全面推进国家助学贷款制度,所有普通高等学校均能申办国家助学贷款。大部分学生熟知贷款事宜,但是仍然有部分学生诚信意识缺乏,部分学生家庭经济并不困难,但为了获得经济上的利益,他们托关系、找门路拿到村委会、居委会、民政局等部门开具的贫困证明,骗取助学贷款。少数学生在填写资料时就伪造了个人信息,他们认为自己毕业后天南海北,原借款银行根本无法追查,采取能拖则拖、能逃则逃的办法,拖欠银行贷款。这些有能力还贷的学生没有还贷,不仅给以后申请助学贷款的学生带来了不良影响,同时也阻碍了银行助学贷款的进一步发放,这对高校大学生资助工作造成了不小的负面影响。

调查发现,当问及如何看待不少学生贷款后不能按期归还的现象时,78.6%的学生认为这

是个人信用问题,有借必有还,应该加强学生的诚信意识教育;只有 7.4％的学生认为这是国家发放帮助贫困生的,不还也可以。这说明很多学生认识到国家助学贷款是一种契约,而没有简单地将其看作是国家的一种资助。

(四)对待诚信与就业,大部分学生采取了折中的态度

在关于就业诚信的调查中,作为一种品质,诚信在实践中体现出了很强的相对性或者不确定性。认为当代大学生在就业方面诚信一般的学生占 56.8％。在"你在毕业择业时,如果看到别人写假履历,做假证书、奖状等而找到了一份比较好的工作。这时你的做法是"一题中,32.4％的学生回答作假迟早会被用人单位发现,不是长久之计,所以自己一般不会作假的;54.5％的学生表示诚信是做人之本,自己决不作假;但还有 7.9％明确表示也会作假。在被问及"若你是企业领导者,你能否接受大学毕业生在择业时的违约行为"时,40.0％的学生认为一般不能接受,因为造成了企业的损失;31.4％的学生表示这是年轻人不成熟的表现,视其具体情况而定。

从上述统计情况看,几乎有近一半的学生在回答就业与诚信的问题时都采取了"折中"态度。直面自己的利益与诚信品质,谁都难免有一场心理的较量,在诚信与不诚信之间,一个重要的参照物是自己对未来选择的正确与否。换言之,面对择业,学生更关注的是自己的实际利益,相对于诚信的遵守,适合自己利益的选择可能更重要,这时品质不再是绝对的。品质是绝对的,还是相对的;品质在一些我们看似更重要的事物面前是坚强的还是脆弱的;我们是坚持自己的操守还是灵活处理,这些都是我们应该深思的问题。

此外,还有一些现象也值得关注。比如,抄袭作业、论文移花接木、假想实验数据等对于不少大学生来说是家常便饭;在评奖评优上,在入党、竞选干部、保送研究生等问题上,一些大学生不是靠实力去争取,而是想方设法请客送礼,投机取巧拉关系;背地造谣中伤,偷看他人日记,甚至盗窃财物者有之;为争夺恋人,抢夺升学、留学机会而不择手段者有之;逢场作戏,多角恋爱者有之,于是因恋爱不成而轻生自杀或是凶残报复的事件在高校时有发生;当发现自己的签约单位不如别人时,一些大学生便对自己当初的盲目与草率痛悔不已,一旦再遇到条件较好的招聘单位,就不惜背信弃义,撕毁协议,另谋高就。

二、大学生在诚信观塑造方面的表现

(一)对诚信的理想的追求与现实的操作存在较大的差距

从对两批次 2000 余位被调查者的问卷加权统计发现,有 27.4％的学生认为当前高校的诚信教育效果一般,5.5％的学生认为几乎没有什么效果;对于我国当今社会国民的总体诚信情况,53.6％的学生认为一般,16.7％的学生认为较差,还有 1.7％认为很差;如表 8-1 所示,认为大学生的总体诚信状况一般的学生占较大比例,达到 52.85％,而学生中的 6.3％认为大学生的总体诚信状况较差,甚至还有 0.76％的学生认为很差,只有极少的学生认为很好。

表 8-1　对当今社会大学生及其他国民的总体诚信状况评价统计

评价　　　　　　　　选项	很好	一般	较差	很差
你认为我们大学生的总体诚信状况	30.4%	52.5%	6.3%	0.76%
你认为当今我国社会,国民的总体诚信情况	56.0%	53.6%	16.7%	1.7%

从对别人要求的角度看,学生对于朋友的诚信品质要求比较"宽以待人",33.7%的学生认为允许朋友在特殊情况时有失信行为,只有1.8%的学生认为对别人如何无所谓,大不了尔虞我诈;从对自己的角度讲,29.8%的学生认为自己在当谎言可以保护自身利益时做到诚信最困难,过半的学生(54.8%)表示在涉及到自己或他人隐私的问题上做到诚信最困难,而27.7%的学生则认为在指出他人缺点时最难做到诚信;从对构建诚信社会是否有信心的角度讲,22.2%的学生认为时有时没,4.5%的学生选没有,也有1.7%的学生表示不关心这个问题;16.0%的学生认为中国距离诚信社会还有20年以上的时间,10.7%的学生认为中国距离诚信社会还有50年以上的时间。

理想境界与现实操守,对他人的要求和自己的遵守,通过二者之间的对比,我们可以看到,诚信作为一种理想的道德被学生认为是重要的,但作为一种现实生活中的道德实践却很难得到充分体现,即理想的追求与现实的遵循存在较大的差距;对于大多数学生来讲,诚信并不是一种一以贯之的品质修养,而是具有较强随机性的人生态度,在实际生活中是否遵守诚信,要根据是否涉及自身利益而定。诚信社会的"遥远观"思潮,值得引起教育界及其他社会各界的认真思考。

(二)在"面子"跟前,部分人很难坚守诚信的底线

在一个预设的却又很可能经常发生的场景:"考试时,你的好友坐你后面,要抄你答案,你会"中,有14.9%的学生表明很乐意给他看;有29.8%的学生回答不太愿意,但碍于朋友面子,只好给他看;11.8%的学生则表示只会给他看一次,下不为例。表明从哥们义气方面考虑,部分人很难坚守诚信的底线。

在大学里,考试是检验学生学习效果的重要手段;从另一个角度看,考试也是衡量学生诚信与否的重要"试金石"。我们或许没有必要把所有的事情都上升到道德的层面去判断,但考试至少直接涉及了学生对待学习和知识的态度,涉及学生在面临可能发生的不同考核结果时的内心选择。从以上几个题目的统计结果看,关于学习上的诚信,学生对于自己的要求还是比较高的,对身边的不诚信现象比较反感,但是青年人往往会在所谓的面子问题上放弃诚信的约束。

在市场经济体制下,社会化程度越来越高,人和人的交往大大地突破了以往的家人领域,交往的范围在逐步扩大,在与人的交往中,舆论和面子对人们行为的约束非常乏力,旧的信用维系手段已然失效,新的约束手段还没有建立或健全,致使一度出现了某种程度的信用保障体系的缺位或"真空",这必然在一定程度上推动了失信行为的扩散。

（三）在涉及学生自身利益时，诚信显得很脆弱

在"如果你要申请减免学杂费或困难补助，你会对你的家庭情况……"一题中，七成以上的受访者(71.9%)表明要如实说，20.4%选择基本上照实说，稍微有点渲染，6.7%的学生表示按照申请要求加些渲染，1.1%的学生表示要大肆渲染。在前文的分析中，我们也可以看见，多数学生认为在谎言可以保护自己的利益时很难做到诚信。可见在利益面前，诚信有时难免脆弱。虽然诚信归根到底是一种道德义务，但道德义务的实现并不单纯依赖于道德本身的力量，而是需要一个外在的约束机制来调整和控制这种道德价值的取向。在一个法制昌明的社会，诚信体系之所以健全是由于制度对诚信的反面——不诚信的约束力太强大了。一个人如若完全置道德义务于不顾，他就会面临违反这种道德义务所要承受的举步维艰的处境。因此，在很多问题上，对契约的遵守本身就能够保障道德的实现。

综上所述，我们看到，作为一种道德情操，大学生普遍对诚信有较强的认同感，并将其作为个人品质修养的一个重要组成部分。但在实践中，诚信并没有普遍内化到学生的具体行动中去，体现出一种以个体利益为中心的随机性特征。诚信作为对他人和社会的诉求时，学生表现出较强的渴望心理，但对于自己能否保证做到，较多学生存在"视情况而定"的犹疑状态。对学生而言，诚信主要是作为一种道德层面的东西而存在，尚未形成一种较强的契约意识，而如果没有对契约的遵守，诚信就不能得到保障。因此，通过分析可以看出，诚信在大学生中有一定程度的缺失。

三、影响大学生诚信行为的主要因素

对于种种大学生诚信缺失的现象，我们结合调查进行了一些分析，有来自学生方面的主观原因，也有家庭教育方式、学校制度等外部环境方面的原因。具体而言，表现为以下几个方面。

（一）心理年龄不成熟，是大学生诚信缺失的内在根源

许多大学生谈起诚信问题来可谓口若悬河、头头是道，对作业抄袭、考试作弊等失信行为也多持反对态度，同时他们也承认失信行为就发生在自己或同学的身上。但是，大学生中普遍存在双重道德标准，这种标准的直接后果就是：大学生的诚信意识与诚信行为不统一，他们的实际行为和心中坚持的准则有所出入。

从被调查的对象来看，他们年龄上大多处在18—22岁之间，独生子女人数占29.6%。随着社会环境的改善、经济的发展，这一代学生普遍生活在物质优越的环境之中，都是在父母细心呵护下成长的，在个性方面往往以我独尊、心理逆反、不愿接受纪律约束，自我意识较强，责任意识薄弱。这个年龄段的学生虽然形成了一定的人生观、世界观和价值观，但这些观念和看法还不够稳定，仍具有较强的可塑性。他们与社会接触的机会少，社会阅历浅，对社会上多种不良现象缺乏清晰认识，容易将一些负面的现象当成社会的本质，存在强烈的从众心理。由于长期生活在学校，对社会缺乏了解，对实际生活缺乏深刻的体验，致使一些大学生对现实生活

中的一些失信现象缺乏应有的分辨能力,加上自控能力较弱,在当前价值多元化的情况下,容易迷失方向,放松对自己的自律。总之,年龄特征和个人意志不够坚定等主观方面的原因是大学生诚信缺失的内在根源。

(二)家庭教育方式不当,是学生诚信缺失的间接因素

家庭是孩子的第一所学校,父母是孩子的第一任教师。家庭对孩子的影响是潜移默化的,也是根深蒂固的。家庭成员间强有力的感情纽带和对父母在经济上的依赖使得家庭在当代大学生人格形成过程中的作用举足轻重。英国教育家洛克有一句名言:“家庭教育给孩子深入骨髓的影响是任何学校教育和社会教育永远代替不了的。”但在应试教育的现实中,有部分家长在教育孩子时出现了偏差,很多家长只关心孩子的学习成绩和日常生活起居,把学习分数作为衡量孩子的唯一标准,重智育轻德育。调查中问及“你认为对你诚信观念形成影响的最主要因素是什么”时,排在首位的因素就是家庭成员的影响,比例达到67.3%,如图 8-1 所示:

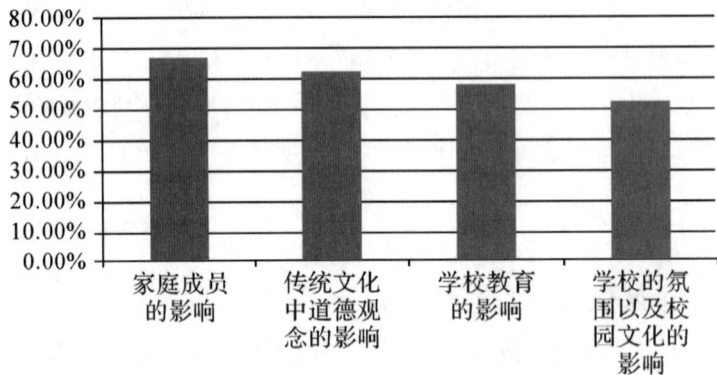

图 8-1　对诚信观念形成影响的前四位要素排序

目前,有较多学生家庭经济状况比较好,但部分家长文化层次低,不能给子女树立良好的榜样,有的甚至给子女灌输不正确的学习意识。有的家长明确表示,将自己的孩子送到学校读书就是为了拿个文凭。这样的思想观念导致学生学习积极性不强,迟到、旷课、作弊现象严重;在平时的生活中,养成花钱大手大脚、不讲诚信的习惯。

有的家长对孩子的不诚信行为不但没有及时制止,还起了教唆的作用;另外由于我国人口素质相对较低,有的父母要求孩子诚实、不许说谎,自己却在孩子面前做一些弄虚作假的事,这就给孩子带来了负面效应,造成孩子价值观的偏离,逐渐导致子女养成了不守诚信的习惯。

(三)学校规章制度不健全,是大学生诚信缺失的环境因素

一定程度上,高等学校内部规章制度的不健全,大学生个人信用制度的欠缺,学生的失信行为得不到应有惩罚,诚信者的利益得不到有效保障,也会导致和纵容学生失信行为的发生。从图 8-1 中我们可以看出,有 52.4% 学生认为学校的氛围以及校园文化的影响是对其诚信观念形成影响的主要因素,58.0% 的学生则认为对其诚信观念形成影响的主要因素是学校教育

的影响。调查还发现,9.9%的学生表示导致学生诚信缺失的主要原因是高校教育体制(如考试、评价等)不合理,如图8-2所示:

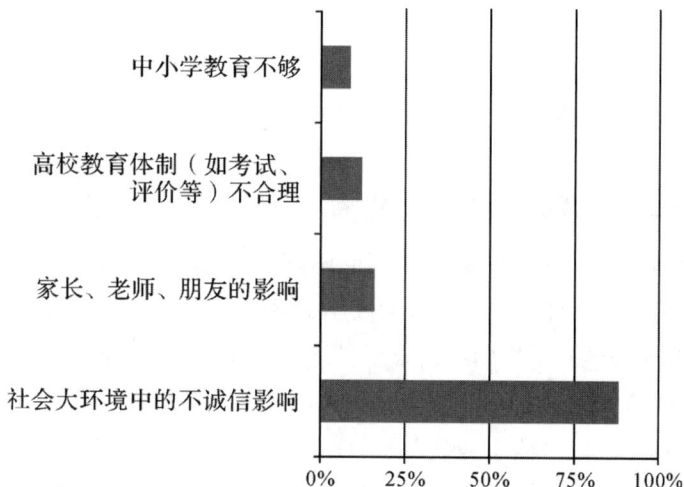

图 8-2　大学生诚信缺失的主要原因占比

　　高校的一些管理领域和部门尤其是一些与学生关系密切的职能部门在工作中存在着诸多弊端和漏洞,如招生中的暗箱操作、各类评优中的不正之风、少数教师应付上课而不求质量、后勤服务中的一些花架子、学校检查评比中的虚假行为等,客观上助长了大学生诚信的缺失。高校规章制度在具体执行过程中出现的不公正和不诚信,对大学生诚信教育产生了负面影响。大学生个人信用制度的欠缺,使得学生诚信意识不强。由于制度的缺陷,往往使一些心存侥幸或贪图眼前利益的学生为达到自己的目的而破坏诚信原则,其不良形象的树立给涉世不深、缺乏是非判断能力的大学生以误导,产生诚信滑坡现象。

　　此外,社会风气等大环境也是影响学生诚信行为的重要因素。一方面,传统的只讲国家、集体利益,不讲个人利益的价值观发生了极大变化,平等意识、主体意识、竞争意识逐渐成为大学生思想道德观念的主流。另一方面,市场经济带有一定功利性、竞争性的观念也渗透到了人们的社会生活中,在一定程度上又诱发出消极影响。如片面追求个人利益,拜金主义、实用主义等观念侵蚀着人们的心灵,再加上我国的社会主义市场经济体制还不完善,政治体制改革还有待进一步加强,新的道德体系还没有完全构建,这些因素共同作用的结果是社会道德失范现象盛行,而当社会道德规范对这些失信行为无特别的舆论压力,法律也并未对其有更多的制约时,不讲诚信这种失范现象就有了适时生长的土壤,并在一定程度上逐渐形成一股失信的文化氛围。社会上不讲诚信的风气必然影响到大学校园和大学生。

　　调查发现,70.9%的学生认为社会大环境中的不诚信影响是不少大学生诚信缺失的主要原因,12.7%的学生认为家长、老师、朋友的影响是导致不少大学生诚信缺失的主要原因;对于大学生诚信观念形成影响的因素,有39.7%的学生选择了社会风气的影响,28.6%的学生选择了电视、报纸等传统媒介形式的影响,23.1%的学生选择了网络的影响,34.1%的学生则认为是朋友的影响,22.9%的学生认为是法律的影响,只有极少数学生认为是所学专业或者制度的影响。

　　每个人都在生活和学习中扮演不同的角色,从学生对问卷的作答情况分析来看,近年来,因受心理年龄、家庭教育方式、学校规章制度以及社会大环境的影响等,使得部分大学生在潜意识中诚信意识变得非常淡薄。如何营造良好的家庭、学校、社会教育氛围,强化诚信的集体教育环境,进而加强思想道德素质建设,使诚信教育在潜移默化之中实现,是值得研究的课题。

四、加强大学生诚信教育的建议与措施

　　虽然诚信教育是学生自身内在修养不断加强和积累的过程,但有时也需要制度来强制和约束。因为部分目光比较短浅的大学生看问题不够透彻,他们往往因考虑眼前的利益而背信弃义。新形势下,如何加强对学生的诚信教育,促进其诚信意识和行为的养成,调查中38.7%的学生认为加强思想道德素质建设是改善周围缺乏诚信的局面的最有效途径,33.4%的学生认为建立健全完善的个人诚信档案是最有效的途径,30.4%的学生表明完善法规法律体系建设,使人有法可依、违法必究最能改善周围缺乏诚信的局面,6.7%的学生则认为要改善这种局面需要加大行政部门的监督管理力度。

　　结合被调查学生的建议,我们认为,要切实有效地加强大学生诚信教育,必须构建一个科学合理的诚信教育体系,结合学生成长成才的具体情况,因人制宜,将诚信教育落到实处。

　　(一)对大学生个体而言,可以从以下三个方面着手进行诚信指引:

1.学习生活中坚定诚信信念

　　(1)诚信学习。

　　大学生的首要任务是学习,而学习无疑是一个艰难、复杂、细致的脑力劳动过程。要想学有所成,必须刻苦努力、认真踏实,正所谓"天道酬勤",学习上没有任何"捷径"可循。可是目前有一部分学生心态浮躁,学习态度不端正,把大部分时间挥霍在网吧、迪厅、KTV、谈恋爱或者外出打工上。而且这种本末倒置的现象正在越来越多地充斥着整个校园。

　　从古代商鞅"立木取信"最终使秦国成为战国霸主到周幽王"烽火戏诸侯"而亡国的典故,我们知道,诚信一直是做人的根本、成功的基石。而诚恳、认真的学习态度,勤奋、踏实的求学精神正是每一个大学生所应该追求的。具体而言,当代大学生培育诚信美德应该从端正学习态度入手,课前认真准备,上课认真听讲,仔细做好笔记,课后独立完成作业,除此之外,还要给自己制订学习目标并说到做到,对学习上有困难的同学做到不歧视、不嫉妒,帮助解决学习中的问题,一起努力,共同进步。一个合格的大学生应当将诚信的美德深入学习的方方面面。

　　(2)诚信考试。

　　考试既是检验学生学习效果的最好机会,也是展示学子优良学风的重要窗口。可是偏偏有某些学生平时不努力,上课不认真,考试的时候要小聪明,自以为是地采取各种作弊方式。有的同学考试时夹带小纸条、偷看书本、交头接耳,有的学生还制定了一套详密的作弊程序,使用高科技手段,手机短信、无线耳机等怪招迭出,更有些学生为了过关,企图通过不正当手段找

路子、托关系、打招呼,希望老师"放自己一马"。虽然近年来考试作弊已受到高校的普遍重视,但是大学生因为考试作弊被严厉处分的报道仍屡见不鲜,大学生的考试正面临严重的诚信危机。

诚信考试是学生的基本行为规范,也是学生应具有的基本道德素质。它能让学生正确评价自我,找出学习上的失误和不足,在求学的路上不断进步。考试作弊不仅是对自己能力的否定,更是对自身品格的亵渎,也是对中华民族传统美德的无情践踏。考试需要诚信,作弊是美好人生的一处败笔。一个合格的大学生应当以诚信的态度对待每一次考试,用真实的成绩证明自己的实力,展现自我的水平。

(3)诚信毕业。

离校意味着大学生活的结束,大学生满载大学所学的学识,带着母校的期待开始踏上人生的旅途。几年的朝夕相处,分别时难免感慨万千。但是有些同学觉得自己在大学里没有什么收益,毕业时总想带走点什么,于是乎编造各种理由和借口向同学、老师借钱、借东西,有的甚至在学校周围超市、饭馆赊账消费,毕业一走了之。这些都是大学生毕业离校不诚信的表现,显然是不可取的。大学生必须认识到,毕业不是永别,而是扬帆远航;毕业不是终点,而是新生活的起点。高校是大学生成长、成才的地方。在这里,大多数学生从当年初出茅庐、不谙世事的"毛头小子"逐渐变成成熟稳重、满腹经纶的"大人"。因此,在离校的时候,应该以一种感恩的心态面对母校的老师和同学,为母校和同学做一些力所能及的事,为自己的大学生活画上一个完美的句号。不要让母校的老师和同学将来提及自己时总是皱起眉头,留下自己一生的遗憾。诚信文明离校,努力做到"今天你以母校为荣,将来母校以你为傲",岂不是更好?

2.经济交往中坚持诚实不欺

(1)诚信还贷。

目前高校大学生欠费已经成为一个棘手的问题,国家规定大学生实行缴费上学,而昂贵的学费使得那些贫困的家庭陷入了两难境地。为了保证经济困难的大学生能顺利完成学业,国家采取了一系列的政策措施,其中国家助学贷款便是其中之一。但是其运行并不理想,部分大学生恶意欠费,套骗贷款,更有一些同学隐瞒真实情况,恶意申请,其目的就是利用在校期间低廉的利息占取便宜。大学生助学贷款还款难问题让银行伤透了脑筋。

诚实守信是中国人的立身之本,更是中华民族的传统美德,也是个人将来在社会生存和发展的基石。国家助学贷款是建立在诚信基础之上的,不附加任何刚性的约束措施,体现了国家对学子的极大信任,实属难能可贵。但是,部分贷款的泥牛入海,让我们不得不拷问这些同学的良知,身处危难之时,国家助学贷款伸出援助之手,为他们的学业保驾护航。但是,当到达成功彼岸之后,这些受助的同学却不信守承诺,自行践踏信用,使国家助学贷款陷入尴尬的境地,这不能不让人心寒。古人云"滴水之恩当涌泉相报"。但是,他们,做到了吗?

中国上下五千年的文明史,诚实守信一直是中华民族引以为豪的品格。但是,随着市场经济的发展和深入,有些人的诚信正在逐渐消退,利益取代了美德,诚信让位于欺诈。大学生是时代的佼佼者,明礼诚信是必须具备的道德修养,也是高素质人才最起码的责任意识。直面现实,回归和重塑当代大学生的诚信之碑显得尤为必要。诚信是一种人的内心状态,作为一名大学生,要信守自己对环境、对社会、对他人的承诺——"三杯吐然诺,五岳倒为轻"。诚信升华的结果是道德的完善。国家助学贷款需要诚信,我们呼唤诚信,同学们——诚信还贷,成功起点;知恩图报,从我做起。

(2)诚信消费。

大学生的攀比消费心理已经成为大学校园不争的事实,如今的消费市场,大学生作为一个特殊的消费群体,正越来越受到商家的青睐。时代在发展,需求在进步,作为天之骄子的现代大学生,在物质和精神上的需求当然也不甘落后。追逐潮流,追求时尚,虚荣心满足的背后,是父母沉重的经济负担。"再苦不能苦孩子,再穷不能穷教育",父母的观念与其说是呵护,倒不如说是纵容。大学生没有经济来源,经济独立性差,消费没有基础。经济的非独立性决定了大学生自主消费的经验较少,不能理性地对消费价值与成本进行衡量。大学生尚且没有形成完整的、稳定的消费观念,自控能力不强,多数消费都是受媒体宣传诱导或是受身边同学影响而产生的随机消费、冲动消费,他们追新求异,敏锐地把握时尚,唯恐落后于潮流。

中华民族自古崇尚节俭,反对铺张浪费,并把节俭当成一种美德,提高到齐家治国平天下的高度。朱柏庐就曾经深情地说:"一粥一饭,当思来之不易;半丝半缕,恒念物力维艰。"先哲的古训,千百年来为人们所信守和称道。但是,古人的教导在当今大学生的消费理念面前却显得那么的苍白无力。大学是个小社会,必然受到"大社会"的影响,当某些大学生受到享乐主义、拜金主义和奢侈浪费等不良风气侵袭时,容易形成心理趋同的倾向,攀比心理油然而生。当学生的家庭在经济上可以满足较高消费时,这些思想就会在他们的消费行为上充分地体现出来。更有甚者,一些家庭经济状况不允许高消费的学生,在虚荣心的驱使下不惜做出一些损人利己,甚至是丧失人格、法理不容的犯罪行为,这样的例子不胜枚举。

大学生还处于求学阶段,求知提能是最重要的任务,盲目地攀比只能是自欺欺人。当我们享受"潇洒"人生的时候,请想想我们日夜操劳的父亲,请想想我们含辛茹苦的母亲……作为一名大学生,应该从实际出发,着眼于经济的实用性,体谅父母,关注社会利益和长远发展,做到量力而行,诚信消费。不管你的家庭是富裕还是贫穷,都应该把每一分钱花在必需的地方,让每一分钱花得有价值、有意义。因为这里凝聚着父亲的汗水、母亲的期盼。作为新时代的大学生,真正要做的是静静地感激父母提供的物质条件,静静地恪守自己的本职工作,静静地用心去读每一本书,静静地留下一行深深的足迹……

3. 日常生活中坚定信用意识

(1)诚信恋爱。

当前,大学生谈恋爱现象十分普遍,大学校园里甚至流传着这样一句话:"如果大学不谈一次恋爱,那么这个大学生活就是不完整的。"大学是爱情的伊甸园,校园恋情固然美好,但由于

大学生还处于各方面都不健全的成长期,其谈恋爱的动机不一,有些人找男/女朋友是为了打发时间;有些人是看别人找了,所以自己也找。此外,大多数同学在找男/女朋友的时候最看重的还是外貌、身材等外在的东西。所有这些都导致毕业时分手的概率大大提高,有人说"毕业时即分手时",校园恋情也被称为"快餐爱情"。有些大学生不能够正确对待校园恋情,不是以真挚的情感为出发点,缺少责任心,甚至抱着一种游戏的态度,缺乏法律意识和道德修养。由于大学生还比较年轻,受到刺激的时候容易冲动,再加上缺乏正确的引导,导致生活中一些极端的事件时有发生。例如,经常有新闻报道大学生由于分手时发生纠纷,导致轻生或者一方杀害另一方的消息。

可以说,大学生正处于心理和生理的特殊年龄阶段,所以目前大学校园里并不反对情窦初开的大学生寻找志趣相投的异性做朋友,但是态度必须端正,不能玩弄感情。另外,还必须控制自己的言行,做到有所为有所不为,对爱情的追求过于急迫,会使大学的爱情变得很廉价。谨慎负责地对待爱情,树立正确的恋爱观也是对自己负责、对社会负责的一种表现。

(2)诚信就业。

近年来,随着高校扩招毕业生人数明显增多,大学生就业难已经成为人们讨论的重点话题,巨大的就业压力又引发了一系列不诚信的现象,很多学生为了使自己的简历看起来更具吸引力,赢得用人单位的好感,对自己的简历进行了全方位的包装,篡改成绩、编造各种实习或实践经验,购买各种假证书,通过夸大或假造履历来拔高自己的"实力"。《北京青年报》登载,某单位人力资源部经理在整理毕业生简历时发现,某对口专业学校两个班的学生中有 15 个班长、10 个学生会主席前来应聘。在应聘者中,有超过 2/3 的学生获得了奖学金。

另外,很多学生诚信意识、契约意识淡薄。虽然签了就业协议,但是一旦遇到更好的机会就马上毁约,这让很多单位措手不及。还有一些同学为了户口等条件与用人单位签约,一旦得逞立刻解约,甚至不辞而别。这些现象一方面给用人单位带来了损失,另一方面也严重影响了学校的声誉,阻碍了大学生就业市场的健康发展。客观来说,出现这些问题的原因主要有以下几个方面:一方面,用人单位过于追求"优秀生",对学生各方面的要求过于苛刻,例如,很多专业不需要用到英语,但是招聘的时候却要求一定要过四级或六级。还有,学生大部分都没有社会经验,但大多用人单位都要求一定的工作经验,所以很多学生为了获得工作机会不惜造假。另一方面,大学生心态浮躁,希望一毕业就能拿高薪、做高管,所以"这山望着那山高",不安心工作,不安于从基层做起,而是频繁跳槽。除此之外,毁约现象还有一个原因,大学生没有工作过,对自身没有准确的定位,所以希望能"货比三家",找到最适合自己的、最有发展前途的工作。对于大学生心中的顾虑我们可以理解,但是诚信就业是步入社会的道德通行证,就算以欺骗的方式得到了工作机会,实践中的能力也是无法伪装的。在一个竞争日益激烈的社会里,就业技巧很重要,就业本领更重要,而就业诚信更是不可或缺的。

就业是大学生正式接触社会的第一步,应该守住诚信,否则,当诚信的道德底线被突破时,最终将影响人的一生。作为一名当代大学生,我们应该意识到,诚信是大学生步入社会的道德通行证,是永不过期的民族美德。

（3）诚信上网。

随着知识经济和信息社会的到来，作为信息传播工具之一的网络日益融入人们的学习和生活。但是，网络也是一把双刃剑，它在给人们带来大量资讯的同时，也给人们带来一些负面影响。相对于大学生而言，这种负面影响因其自律能力和辨析能力的不足尤显突出。由于网络交往时人们行为的符号化，传统道德关于诚信的制约机制被弱化。

大部分学生利用网络聊天、打游戏、浏览各类网站、看电影、发微信、写博客等。这些都是网络的衍生品，本来无可厚非，但是近年来大学生沉迷于网络所导致的恶性事件已屡见不鲜，经常看见媒体上报道有学生因沉迷于网吧而留级或补考，更有甚者被校方退学，还有些人因过度疲劳而死亡。很多大学生上网时不使用真实资料，有些大学生利用网络的虚拟特性，在网上信口开河发布虚假信息、侮辱和诽谤他人、偷看他人邮件、发送电脑病毒、攻击计算机系统，甚至导致网络犯罪，给他人和社会造成了危害。有些人这么做的目的是寻求刺激，放松自己；有些是为了发泄，展示自己在现实生活中被压抑的另一面；还有些是出于好奇心理，想要窥探别人的隐私。这说明大学生还没有处理好网络生活与现实生活的关系，网上与网下存在双重人格，将网络作为发泄阴暗面的途径。作为一名新时期的大学生，我们首先应该端正思想，寻找适当的减压方式，真诚面对网络。做到自身真诚的同时我们还必须提高警惕，谨防上当受骗，提高自身明辨是非的能力。

（4）诚信待人。

《礼记》云："诚者，物之始终，不诚无物，是为君子诚之为贵。"可见，待人真诚，信守诺言，乃是一种崇高的道德境界。古往今来，诚信作为我国传统文化中为人处世的基本准则，备受世人的推崇。孔子认为："信则人任焉。"墨子把诚信作为一种处世的准则——"志不强者智不达，言不信者行不果"。凡此种种，都是向人们传达一种思想：诚信是为人处世的根本，失去了诚信，也就失去了安身立命的基础。

大学——这片崭新的天地，在这里，我们努力学习，增长知识；在这里，我们遭遇挫折，磨炼意志；在这里，我们奋勇拼搏，收获喜悦……但是在这里，我们更要学会诚信待人、慎思笃行、恪守诺言。

诚信待人，就是要做到至真至诚，笃实守信。付出真诚，收获信任。人生最大的敌人莫过于自己，怯懦、虚荣都是人生道路上的重重困难。与朋友交往，诚信是桥梁，待人要真心、诚心，做事要讲信用。朋友，请谨记：诚信待人，付出的是真诚和信任，赢得的是友谊和尊重。以诚待人，诚信就会像"随风潜入夜，润物细无声"的春雨，滋润我们的心田，坚持"以诚实守信为荣、以见利忘义为耻"，做一个真正的诚实守信的大学生。

综上所述，"诚实守信"是中华民族的传统美德，也是社会主义核心价值观的重要内容。在新的时期下，诚信对于推动社会主义市场经济的深入发展和全面建设和谐社会，具有重要的意义。当代中国大学生是知识精英群体，是未来社会各行各业的建设者，也是中国社会主义事业的接班人。社会、家庭、学校三方面都付出了心力来培养大学生，并对他们寄予了较高的社会期望。然而，在诚信缺失的社会背景下，大学生诚信道德观念和道德行为也存在令人担忧的各

种表现,社会上出现的诚信问题在大学生群体中不同程度地存在。因此,可以说大学生诚信教育是一个紧迫而重要的任务。它不仅是一个历史问题,也是一个现实问题,不仅是大学教育面临的严峻挑战,更是中国社会和谐、健康发展面对的重大考验。

（二）从社会、学校、家庭等方面而言,完善高校大学生诚信教育管理体系,真正从理论和实践上加强大学生的诚信。

1.努力打造校园诚信文化,创建良好的校园诚信氛围

对于建立大学生诚信教育体系这个宏伟的工程,学校的作用是至关重要的。所以,要想净化环境,首先就要从净化校园环境入手。要努力建设一个从学校各级领导、全体教职员工到每一名大学生都诚实守信的环境氛围,在校园人文环境建设上形成潜移默化和具有导向性的诚信教育场所。精心设计教育氛围,规划诚信教育景点,让学校的每一面墙壁,每一处角落都能成为诚信教育的场所;让每一个有声的、无声的宣传园地如校内广播、校园网络等都成为全体师生了解诚信教育基本内容、要求和重要意义的工具。形成"人人知诚信"的良好氛围,为"人人讲诚信"打下舆论基础,强化校园诚信教育的渗透性。为了更好地育人育才,大学生的诚信教育要与高校思想道德教育相结合,使社会主义核心价值观深入人心,让诚信融入大学生的学习生活中去。

2.建立健全学生诚信档案,促进学生的诚信行为养成

诚信档案应包括个人信息、学习诚信信息记录、经济诚信信息记录、择（毕）业诚信信息记录、生活（品行）诚信信息记录、其他诚信信息、信息认定等几个模块。

在"个人信息"模块里,学生要如实登记自己的本人基本信息,包括主要家庭成员的基本信息;在"学习诚信信息记录"这个模块里,要求学生真实客观地将自己大学期间的学习成绩、综合测评、所获奖学金、不良行为记录、所受处分等填写进去;"经济诚信信息记录"模块则要求学生把自己的助学贷款、困难补助、勤工助学、学费住宿费缴纳等项目按照实际情况填写在相应栏目里;在"择（毕）业诚信信息记录"这个模块里,学生要将自己的就业情况、升学情况以及就业不良行为记录填写进去;"生活（品行）诚信信息记录"模块则要求学生将在校期间所获的荣誉称号、优秀事迹、所受处分以及其他的不良行为如实记录下来;"其他诚信信息"要求学生填写的是在校期间担任学生干部职务的情况、组织培养情况、遵守校纪校规情况;"信息认定"模块则要求学生每学年对自己所填写的信息加以签字认定,再交由其班主任认定签字,在学生毕业前夕,系部可结合其在校期间的表现,对学生的诚信档案加以最后认定,系部认定后的诚信档案作为对学生本人在校的品质操行的一个重要证明,在学生毕业时,诚信档案跟随学生人事档案一并交给用人单位,从而将学生的诚信记录延伸到社会。

3.家校互动齐抓共管,深入推进学生诚信教育

古人云:"师者,人之模范也。""无德者无以为师。""德高为师,学高为范"。首先,教师要充分发挥在诚信教育中的示范和导向作用,要把"敬业、精业、爱生、自律"作为师德的核心严格要求

自己,增强教书育人的使命感和责任感,严格规范自身的言行,做诚实守信的典范。要对学生高标准要求和严格管理,平等、公正、民主地对待每一个学生。其次,要充分发挥课堂教学的主阵地作用,紧密联系大学生活实际和社会实际,积极改进教学方法和内容。非"两课"老师要把德育工作贯穿于专业教学过程中,要善于抓住时机,结合教学内容和学生职业道德要求,将诚信教育有机地渗透到教育教学活动之中,教会学生做人的道理,帮助学生养成老老实实的学习态度和一丝不苟、求真务实的行为习惯,培养大学生诚信的品质。

在学校教育的同时,保持学校家长联系制度,学校老师及时跟家长进行沟通、交流,让家长掌握学生在校情况,避免家长或学生的"学生在学校,教育靠老师"这种看法,利用家长特有的权威性、亲和力来加强对学生的约束,特别是学习考试方面的诚信行为,督促其养成良好的习惯。

总之,外部环境中学校及家庭在学生的诚信观形成过程中起到了非常重要的作用。学校及教职人员在教书育人的同时,需要强调大学生诚信观念的重要性,这有利于促成文明良好的校园风气,真正利于提高大学生的诚信道德水平;家庭与家长对学生诚信态度形成具有潜移默化的作用,应在其三观形成过程中帮助塑造优良品质。

4.完善并执行各项规章制度,充分发挥制度的约束作用

为加强对学生不诚信行为的约束,首先,是要完善高校规章制度,以诚信的制度约束学生。高校要注重校内规章制度的建设,包括各类评奖、评优、发展学生入党诚信制度的建设以及对违纪学生的处理。其次,在执行现行制度时,要努力做到公平、公正、公开,体现诚信的内涵。

随着高等教育的大发展,各高校的学生管理制度也越发完善,但是由于多方面的因素,在执行过程中往往会存在对某些学生不诚信行为的处理时"手软"的情况。有些学生明确表示:考试作弊不要紧,反正学校最终会给我毕业证的,我们上届的某某某就是这样。这种特例的存在给学生带来相当大的不良影响,降低了制度的严肃性,从而使规章制度的执行力和威慑力大打折扣。

所以,在制定好的制度的同时,必须加强管理,严格要求,及时制止学生中发生的不诚实、没信誉、不道德的行为。比如:严格考试纪律,防止学生考试作弊,对于作弊的学生要按照学校规定处理,绝不姑息;对于不符合毕业条件,不能顺利毕业的学生,在对其加强教育、督促的同时,严格控制标准,必要时杀一儆百。总之,要做到教育和规范相结合,引导和管理相辅相成,减少学生不诚信、违纪的行为,营造良好的学风,树立诚实守信的道德风尚。

5.根据学生不同发展阶段,开展针对性的诚信教育活动

不同学校的学生诚信状况是有差异的,同一学校、不同年级的学生的道德状况也有所不同,这就决定了大学生的诚信教育不能千篇一律,必须针对不同学生群体的具体情况,采取针对性的教育。

拿高职类院校来说,这类院校的学生学制为三年,诚信教育也可以相应地分为三个阶段:一年级阶段,主要是认知和良好习惯的养成。此时,教师应引导学生稳定专业思想,适应大学

生活,诚实面对学校管理,诚实展现自我。二年级阶段,主要是正确的世界观、人生观、价值观的养成。教师应督促学生端正学习态度,倡导一种以诚相待的氛围,并提倡公平竞争,杜绝作弊,诚实面对人生,诚实评价自我,赋予学生责任感和使命感,逐步实现自我教育、自我管理、自我服务的一体化,让学生自信地选择适合自己的人生目标。三年级阶段,面临的是毕业和就业,主要是引导学生正确认识社会,认识自我,树立竞争有序的观念,讲信用,会合作,正确选择适合自己的就业岗位,诚信就业。

总之,只有不断完善教育制度,改进教育方式,全体教师齐心协力,师生同心同德,家校联手互动,才能真正建设学生个人的"诚信"文化品牌,为学校自身的长足发展奠定坚实的基础,为用人单位输送满意的人才,为社会经济建设贡献应有的力量。

子曰:"人而无信,不知其可也。"习近平总书记2014年在同北京大学师生座谈时也指出:"中华文化强调'言必信,行必果'。"当然,诚信教育非一日之功,而是一个细水长流的过程,诚信教育任重而道远。大学生特殊的年龄特征以及当今社会各种观念的冲击,决定了其价值观的多元化。大学生诚信行为的养成,高校大学生诚信教育体系的建设与完善,不仅在理论教育层面需要加强高校思想道德建设与社会主义核心价值观的学习,而且在实践拓展层面也需要对大学生加强引导,促进其在行动中不断发展升华。

第九章　高校诚信文化建设的实践与启示

　　高校肩负着培养人才和传承文化的重任,是建设和弘扬诚信文化的主阵地。在全社会越来越重视诚信问题的今天,高校理应责无旁贷地以实际行动承担起光大诚信精神、培育诚信人格的使命。当前,相当一部分高校开展了丰富多彩并颇具深度的诚信文化建设活动,尤其是一些经济类院校和职业院校,站在人文素质和职业精神相统一的角度,结合自身学科和专业特色,大胆实践、努力探索,积累了众多切实可行的经验,形成了一整套高校诚信文化建设的思路,为进一步开展大学诚信教育提供了有益的借鉴。

一、浙江金融职业学院:以诚信文化铸金融学子之魂

　　浙江金融职业学院是一所立足金融行业,面向经济金融市场,培养适应现代金融业发展需求的高素质、高技能人才的国家示范性高职院校。创办以来,学院以"做学生欢迎之师、创社会满意之校、育时代有用之才"为基本价值理念,正确把握"传承行业优势、服务地方经济、培育实用人才"的办学定位,为全国金融系统输送了大批职业素质好、技能水平高的优秀金融人才,为地方经济的发展做出了诸多贡献,被誉为浙江金融界的"黄埔军校""行长摇篮"。

　　学院以"诚信文化、金融文化、校友文化"为基本架构,形成了特色鲜明的金院"三维文化"育人机制。尤其是根据高职教育发展趋势,结合学校办学定位和人才培养目标,突出开展诚信文化建设,以提升学生诚信素质为抓手,打造诚信文化品牌,取得了良好的育人效果,产生了积极的社会影响。

(一)诚信文化的建设思路

　　诚信是金融业的灵魂,是金融从业人员的基本职业操守。随着我国金融业的全面开放,国内外金融机构对金融从业人员的诚信品格和职业素养提出了比以往更高的要求,也为立足金融业办学的浙江金融职业学院指明了文化建设的方向。围绕高等教育"学会做人"的重要理念和加强大学生思想政治工作的要求,学院将育人的视点从关注道德规范本身逐渐转移到"人的全面发展"上,转移到关注学生的精神成长上,将诚实守信这一做人的基本准则和道德底线作为这所高职院校文化育人的关键和重点。

　　新世纪学院筹建之初,学校领导就在校友会年会上,与省内各家金融机构和部分企业的领导共同探讨学生素质问题,确立了诚信教育的重要性,达成了培养学生诚信精神的共识。2002年1月,随着浙江金融职业学院正式建立,学院将学风清晰地定格为"诚信、明理、笃行"。结合"金融"的职业特性和"金融人才"的品质特性,"诚信"成为学院校园文化主题,"诚信"校园文化建设目标正式确立。

"诚信"即诚实无欺,讲求信用,学院的诚信文化建设紧紧围绕诚与信的规范和确立,通过组织保障、诚信活动、诚信研究等宣扬诚信文化,从价值观念、思想道德、行为规范上完善学生的诚信品格,提升学生的职业素养,实现文化的育人功效。学院诚信文化建设的目标就是,培育诚信职业人格和熟练职业技能兼具的金融人才。

诚信文化是浙江金融职业学院围绕自身办学特色,在正确认识学院办学定位、科学分析行业导向、积极探索高职人才培养模式的基础上提出的新理念,是对学校自身文化精神的深化与提炼,是高职院校校园文化建设的创新。

(二)诚信文化的实践推进

多年来,学院从组织机制、育人环境、活动开展等层面入手,广泛实践诚信理念,不断丰富文化内涵,让"诚信"理念入脑、入心、入行,推动诚信文化的建设发展。

1. 完善组织机制,保障诚信文化建设

为使诚信教育活动扎实、有效开展,学院围绕诚信内涵制定和完善学生管理制度,在信息技术系和国际商务系建立诚信评价机制,强化诚信学风建设。学院成立校园文化建设委员会,把诚信文化作为校园文化建设的重点,确定宣传部、基建办为诚信校园文化软、硬件建设的责任部门。

2002年,学院专门成立诚信教育与校园文化研究所(2005年更名为"诚信文化研究所"),为诚信文化建设和诚信教育提供智力支持。研究所由院党委书记任所长,党委宣传部、人文社科部、团委、浙江众诚评估公司等部门的负责人为研究所的成员,其构架的完整性既保证了党在学生中的领导和宣传发动,也有利于整合各部门的优势,并通过企业的介入开展实打实的教育活动,为研究和推广诚信文化奠定了基础。

2. 加强诚信教育,丰富诚信文化内涵

(1)注重自我道德教育。2001年10月,组织师生认真学习新颁布的《公民道德建设实施纲要》,党委要求师生以二十字的公民基本道德规范为准绳加强自身修养,教师尤其要讲求"敬业奉献",学生要注重弘扬"明礼诚信"。2003年学院推出《浙江金融职业学院学生诚信公约》和《学生诚信誓词》,2006年开始进行诚信还贷宣誓活动,不断强化学生的自我教育和约束能力。2012年,随着十八大报告首次明确二十四字社会主义核心价值观,学院的诚信教育愈加彰显出强大的价值导向作用。

(2)保持诚信文化育人的连贯性。将诚信教育贯穿于新生入学至学生毕业的各个阶段,在新生入学时扎实开展有关诚信方面的始业教育和典型示范教育,在学生毕业时进行诚信就业等教育;平时进行失信后果教育,发挥警示作用;每学期都对学生的诚信行为进行考评,作为评优、信贷、入党等的依据。

(3)创新德育课程建设。将思政理论课、素质教育课教学与诚信教育有机结合,强调诚信观念、诚信约束力和诚信意义的教育;安排德育课程教师集体备课,根据不同专业特点,融入诚信教育内容和重点。2003 年,通过向全校师生征集素材的方式,编辑出版了超过 12 万字的《诚信读本》,全校学生人手一册,成为学校当时诚信教育的首本教材。2008 年,学院正式编辑出版《大学生诚信文化理论与实践》,力求深化教育内容,增强学习效果,将诚信教育纳入全校"明理系列课程",使德育课具有极强的职业感召力。

3. 研究诚信文化,拓展文化建设思路

在确定学院年度院级重点科研课题时,学院通常将类似"高职院校诚信教育方法与创新问题研究"的课题选入其中,进行重点扶持。近年来,校内及学院思政研究会每年的研究方向和专题论文中都有关于诚信校园文化建设的主题,成为学院科研领域的特色。不少研究论文提出了诚信文化建设的新理论、新途径和新方法,开阔了学院诚信文化建设的思路,为深入发展诚信校园文化、打造诚信文化品牌提供了有益的借鉴。

4. 优化育人环境,渲染诚信文化氛围

(1)创设良好的舆论环境。学院倡导以人为本,积极开展"尊重式教育",真诚地尊重学生的个性,以诚信的作风取信于学生、家长和社会,做诚信表率。2006 年学院扩招,部分新生不能就近住宿,当时劝说学生住到较远公寓的老师随口答应帮助解决交通问题(其实新住宿点也就三四百米开外),后来学校就给这 105 位同学每人配了一辆自行车,可谓"一诺千金"。

(2)营造诚信的校园环境。在下沙新校区环境建设中融入诚信文化因子,在学校正大门的左侧,设立一块两米多高、镌刻着一个古朴"诚"字的巨石,注有《礼记·中庸》的:"诚者,天之道也;诚之者,人之道也。"在正对学生公寓的三号门前嵌一块汉白玉,镌刻一个"信"字,侧注为"民无信不立(孔子语)"——诚石(实)、信玉(誉)直观地阐发了"诚信"的本意,是学院对于诚信教育的一个彻底的理念宣扬。新校区的大门口矗立着一座以我国古钱币代表——布币造型的主题雕塑"立",上有"不诚无物"几个大字,其侧面呈方鼎形状,蕴含"一言九鼎"之意,无形中昭示着"诚信"的理念,引导学生立德、立言、立人品。纵贯南北的主干道命名为"诚信大道",意味着走进浙江金融职业学院,就要在"诚信大道"上承担诚信之责。校园里的明理亭、笃行桥、精业馆、诚信讲学堂等建筑和场馆,都有对"诚信文化"的进一步演绎,园内的一些标志上也用名言警句、对联等反映"诚信、明理、笃行"的学风,使学生漫步校园间会不经意地获得某种警醒或启迪,发挥"润物细无声"的育人功效。

5. 开展多种活动,彰显诚信文化特色

(1)创新诚信活动形式。形式多样的诚信活动是加强诚信文化建设、提升学生诚信品质的有力助推器。学院将诚信与传统文化的"慎独"相结合,举办无人监考的"诚信考场",检测和提升学生的诚信品质。2003 年 4 月推出"诚信伞、用后还,诚信指数大家看"活动,让学生在相对轻松的日常活动中领会诚信、实践诚信,用"诚信指数"对部分宿舍楼的学生进行"泛考评"。2010 年在校图书馆一楼设立以诚信为证、自由借阅的"诚信书架",方便同学读书学习。2005 年,学院会计系率先探索设立学生"诚信档案",内容包含学生的考勤率、品德操行、为人处世等内容,档案跟随学生毕业,成为衡量学生品质的重要杠杆,为诚信状况良好的学生争取了更多

发展、就业和参与社会竞争的机会。

（2）院系两级广泛发动。学院每年召开诚信就业教育大会,积极开展诚信还贷宣誓仪式和签约活动;货币金融博览馆常年开展反假币主题教育;金融系以"诚信·学在金融"作为系部文化理念,推出"诚信·短信"、点评"十大不诚信"现象等特色活动;保险系的"诚信报栏"活动,以个人诚信投币行为作为诚信品质的量化反映;信息技术系开展"书写诚信"书画大赛,抒发诚信理想和心声;会计系的"诚信"小品大赛、经营管理系的失信惩罚机制等都通过不同层次的立意,诠释和推广诚信文化,极好地印证了诚信文化的广泛性与参与度。

（三）诚信文化的建设成效

学院的诚信校园文化主题鲜明,经过多年的建设和发展,无论是体制、机制还是运行状况都较为稳定和规范,在彰显学校精神、强化育人效果等方面显示了初步成效,产生了积极的社会影响。2006 年 1 月,学院被省委教育工委、省教育厅授予"2005 年度浙江省高校宣传文化工作创新单位",2014 年被中共浙江省委授予劳动模范集体。

1. 诚信理念广泛认同

通过诚信教育推动了学生诚信理念的形成和提高。2001 年,学院敏锐地抓住当时证券市场突显的诚信缺失问题,大力开展诚信教育,使学生对于"财务报表的完整""信息披露的真实"渐渐有了课本之外的道德层面和法律意义上的认识,对诚信有了专业上的认同。2002 年 1 月上百件应征学风用语的师生稿件中,绝大多数都选用了"诚信"（或"诚"）一词,显示了学院师生对"诚信"的高度认同和深刻感知。2003 年,学院学生积极参与《诚信读本》素材征集,亲身辨别诚信的本义、张力和处境,522 名同学（占在校生人数的 28%）向学院提供了 580 篇关于"诚信"的素材,总字数达 40 多万,从侧面展现了学生对诚信理念的重视和认可。

2. 诚信风尚校园飘香

诚信言行成为学生的自觉行动,校园里处处开满诚信之花。首次"诚信考场"迎来 300 多名学生自愿报名,踊跃签订"诚信考试承诺书",最终 35 个班的 120 名同学参加 4 场诚信考试,考场黑板正中央"以自己的良知监督,以自己的人格承诺"的一行大字取代了监考老师,取得了零作弊率的效果。近年来,学生诚信考试成功率始终保持较高水平,学院选样 2006 级素质教育课两个试点班的期末考试,只发现两人有作弊嫌疑。同学们相互监督彼此言行,日常学习生活中始终保持诚信作风,"诚信书架""诚信伞"和"诚信报栏"等诚信指数均在 85 分以上。2009 年始,学院每年评出各方面表现突出的"十佳大学生",其中都有"诚信之星"。2012 年开学初,来自贫困家庭的国际商务系学生严晓静,正在为昂贵的学费而困扰,却意外发现自己的缴费账户突然多出来 7700 元。"肯定是哪位同学的家长误打了,这该有多着急啊!"严晓静第一时间竟忘了自己的困扰,专心为他人着急起来。她主动找到班主任老师说明情况,后又花了 77 元手续费,将钱全部取出,还给了误打钱的学生家长。

3. 诚信就业有口皆碑

诚信文化建设贴近办学实际,贴近学生思想,使学生诚信品质和职业素养不断提高,与学校开展产学合作的单位也日益增多。以"订单班"为例,订单班的班级数和学生数从 2003 届 1 个订单班、12 名学生发展到 2012 届的 45 个订单班上千名学生,诚信就业率接近 100％。如 "泰隆班"就业时,面对高职学生"走俏"中等城市的现状,12 位入选同学以"职业金融人"的操守坚定信念,诚信就业,无一临阵换岗。五年来,学院毕业生初次就业率始终保持在 95％ 以上,部分专业学生还出现了"供不应求"的情况,这从一个侧面反映出学院诚信文化建设的突出成效。

4. 诚信校园愈加和谐

学生诚信品质的形成,诚信言行的履行让浙江金融职业学院的校园活泼多彩,充满和谐,愈加稳定,为学生的学习生活、成长成才提供了更加有利的外部条件。校内平安有序,各类突发事件极少发生;师生间教学相长,关系融洽;同学间礼让谦和,共同成长。2005 年,学院顺利入选浙江省首批"平安校园",2007 年获评省心理健康教育示范单位。连续三届的金融理财博览会、多年的动漫节等大型活动中都能看到金院学生宣传诚信理念、提倡诚信人生的身影。同学们将诚信理念传播给家人、朋友,并在社会实践活动中自发地向市民群众进行宣传,教授反假币知识和技巧,弘扬诚信文化。

5. 诚信文化备受肯定

近年来,浙江金融职业学院诚信文化建设的成果、诚信教育的良好成效获得了全国、省、市各级各类媒体的关注和报道。《人民日报》《光明日报》《浙江日报》《浙江教育报》及浙江电视台、杭州电视台等多个新闻媒体从不同角度对学院创新育人机制、建设诚信文化给予了报道和评价,全面、客观地反映了诚信教育的优良成效,受到社会各界的充分肯定和赞誉。作为国家示范性高职院校建设单位,省内外许多兄弟院校在与学院交流经验的过程中,无不例外地都对学院诚信文化建设在理念教育、机制建设、环境布局、主题活动开展等方面的措施和成效,给予赞赏和好评。学院的"诚信文化"品牌荣获浙江省高校校园文化品牌称号。

(四)诚信文化的深入发展

诚信文化建设始终是浙江金融职业学院校园文化建设的重点,也是加强经济金融类大学生思想政治工作、提升学生职业素养的重要手段。自入选国家示范性高职院校建设行列以来,学院加大了诚信文化的建设力度,在保持原有建设构架和教育内容的同时,依托示范性院校建设平台之一——"金融职业素质养成基地"项目的建设,积极构建以诚信文化为基本特色的职业素质教育格局,不断提升诚信文化品质和水平。在示范性建设进程中,学院开始筹建"诚信指数观察站",利用信息化管理手段建立诚信评价系统,对学生的诚信意识、诚信行为等进行观测,形成浙金院诚信指数,便于学院在教育和管理上采取相应措施,加强学生诚信素质的培养。

2007 年底,学院出台《全面构建"三维文化"育人体系的若干意见》,把坚持"诚信文化"育人作为"三维文化"育人体系的首要内容、文化之魂,而把培育职业能力的"金融文化"看作是学生的立身之本,营造工学交替、产学合作生态的"校友文化"作为开放办学之链。在此基础上,

学院提出了弘扬诚信文化理念、加强诚信文化课程建设、完善学生职业人格、促进学生全面发展等的一系列举措和意见,尤其是 2009 年、2011 年浙江金融职业学院教代会分别通过的《关于进一步加强学生素质教育的若干意见》和《关于加强文化与品牌建设的若干意见》等,为新阶段浙江金融职业学院诚信校园文化建设提出了新的目标要求,为学院人才培养的质量提升指明了新的方向。

二、山东财经大学:从四个层面深化诚信教育

长期以来,我国的诚信文化建设都比较注重诚信道德教育,但是社会诚信领域不时出现的问题表明,仅从教育层面难以从根本上解决问题,新时代诚信教育需要大力加强制度建设。

从 2013 年《关于培育和践行社会主义核心价值观的意见》到 2016 年习近平在中共中央政治局第三十七次集体学习时的讲话,意味着,诚信建设由注重教育转向教育与制度建设并重。党的十九大报告也明确指出"推进诚信建设制度化"。

对于新时代诚信文化育人的问题,可以从诚信教育的出发点、切入点、关键点和落脚点等四个方面进行系统构建、全面推进。

(一)诚信教育的出发点——站位要高

诚信教育和管理的目标,最终是"不愿、不能、不敢"失信。不愿失信有两个层面的出发点:道德层面——个人严格要求自己;精神层面——社会需要诚信往来。不能和不敢属于制度层面,但是当遇到执行不力或者违法成本过低时,制度的约束还是不如精神层面的约束效果明显。

从教育工作的站位高度考虑,如果教育者仅通过道德层面的引导,通过自律和美德让他们自觉地别犯错误,做好人,但这种动机在学校里遇到"失信赚便宜"的行为面前立马轰然倒塌,更不用说到了社会实际生活中。

如果教育者仅通过经济层面的引导,通过公平和互信让他们赢得生意伙伴的信任,换取利益;这种动机在学校里遇到机会主义收益巨大时就会铤而走险,到了社会上再加上一个违法成本低的问题,诚信的信仰会受到极大的冲击。

如果从精神层面出发,站位到加强集体主义、家国情怀和担当意识开展教育,大学生从实现中国梦和中华民族的伟大复兴的高度出发,国家的发展、民族的复兴需要一个诚信的社会环境,需要一个个诚信的社会个体,自己愿意主动担当起民族复兴的大任,那么任何诱惑都会在坚定的信仰面前土崩瓦解。

山东财经大学提高站位,加强学生思想引领,推动铸魂育人,大大地推动了诚信教育的发展。学校以文化人、以文育人,引导学生增强"四个自信",强化"四个意识",积极开展红色基因传承教育、纪念改革开放四十周年等活动,从思想上引领学生增强家国情怀、增强责任担当意识,推动诚信教育站位提升、增加信念推动力量。

2018 年 7 月,学校开展"激扬青春,传承红色基因"系列红色教育活动,近百名师生到山东

沂蒙党性教育基地和胶东(威海)党性教育基地刘公岛教学区接受教育。

2018年9月,学校开展"纪念改革开放四十周年"演讲比赛,精彩的演讲让大家都感到热血沸腾、备受鼓舞。

如此等等,我们一直坚持认为,大学生的诚信教育不能就事论事,应该唤醒学生"我是市场经济领跑者"的责任担当意识,发扬学生"社会主义事业接班人"的主人翁精神、唤醒学生的"为民族复兴而努力"的坚定信念,才能从动机深处激发学生学习诚信理论,在校期间和离校之后都能坚持诚信原则、维护诚信原则,成为社会主义现代化建设事业的合格建设者和可靠接班人。

(二)诚信教育的深化点——活动感染

丰富多彩有创意的教育活动,采用正面激励和反面教育的方式,明确学生日常学习和生活中诚信的具体要求,让学生自觉抵制不诚信的行为,寓教育于活动之中,能明显地提升教育的效果。

学校一直在努力将诚信教育融入丰富的校园文化生活中去,采用生动活泼、喜闻乐见、灵活多样的手段开展贴近学生生活实际的诚信教育活动,使诚信教育深入学生思想,指导学生的行为。

2017年的山东新闻联播融媒体报道《守望精神家园》,聚焦中华优秀传统文化的传承与创新,其中报道了学校的诚信文化教育,学校着重引导学生理解"求富于人,取财有道"的道理。

学校活动设计时,按照"感知诚信真谛——参与诚信活动——强化诚信教育——实践诚信承诺"四位一体的教育体系,开展了一系列的教育活动:每年开学,会计学院都会组织新生开展入学宣誓;学期中间,学校会邀请如天津财经大学商学院张俊民教授等不同类型的专家来学校做报告;"诚信火炬"传递活动将诚信内化为一种品质的成长过程;时间拍卖会检查签订诚信协议的执行情况;诚信情景剧也是很好的教育形式。每次考试之前,学校各个学院都会开展诚信考前动员;各学院以签署《诚信考试承诺书》、在条幅上签字等形式激发学生诚信考试的自觉性。

实际上,各个学校都在不同程度上进行着诚信教育,只是对此项工作组织过程中没能梳理出诚信教育的深化点,泛泛的活动常常流于形式,只有不断设计出有感染力的活动才能发挥真正的诚信教育效果。

(三)诚信教育的关键点——制度完善

2017年初,教育部颁布了新修订的《普通高等学校学生管理规定》,在高校开展诚信教育,建立对失信行为的约束和惩戒机制。中共中央办公厅、国务院办公厅印发了《关于进一步加强科研诚信建设的若干意见》,对进一步推进科研诚信制度化建设等方面做出部署。

山东财经大学的诚信制度建设问题,包括四个层面:

第一,日常行为方面发挥制度的威慑作用。在学生管理过程中,制度是红线,不能触碰;制

度是底线,不容突破。学校出台的《山东财经大学学生违纪处分条例》《山东财经大学学生公寓管理条例》等都明确规定学生的行为规范,对于失信行为,包括考试作弊、使用违章电器等会予以惩罚,起到了很好的威慑作用。

第二,管理服务方面推动资助制度的激励作用。在资助管理过程中,学校采取措施保证材料真实,剔除可能的作假。《山东财经大学勤工助学管理办法》《山东财经大学临时困难补助使用管理办法》《山东财经大学家庭经济特困学生助学金评选管理办法》《山东财经大学家庭经济困难学生励志奖学金评选管理办法》等文件都明确要求,在评审年度内,获得助学金后,生活不节俭、铺张浪费,将奖励资金用于非学生正常消费,造成不良影响的;经查实在申报过程中有弄虚作假、瞒报行为的学校将取消其评审资格或收回已发放的助学金。

第三,学术方面强化考核机制的导向作用。研究生在入学之初,就加强学术诚信教育,强化对制度的学习,引导学生形成诚信研究的习惯。学校出台了《山东财经大学学位授予工作细则》《山东财经大学研究生学术道德和学术规范管理办法》《山东财经大学博士、硕士学位论文学术不端行为检测办法》《山东财经大学博士、硕士学位论文抽检复审实施办法》。管理办法中详细列出 11 种违反学术道德和学术规范的行为,视情节轻重给予留校察看直至开除学籍的处分。

第四,对制度本身的分析和研究,能让学生辨析制度设计和执行蕴含的义利观念。从学生以后就业的领域需要出发,引导学生认识到诚信制度在个人与个人、个人与企业、企业与企业、企业与国家、国家与国家关系中的重要意义,从而从市场经济管理者、社会主义事业主人翁等角色要求自己,为国家、为社会、为民族的发展而坚持做到诚信经营、诚信处事、诚信做人等要求。

学校在第四个层面正在积极探索,让学生理解制度,参与制度建设,开展相关的演讲与辩论活动等,从思想上实现"猫捉老鼠游戏"到"合格建设者和可靠接班人"的变化,培养主人翁精神,主动担当责任、严于律己,这才是合格建设者和可靠接班人的要求。

(四)诚信教育的落脚点——知行合一

习近平 5 月 2 日在北京大学师生座谈会上的讲话中强调,青年"要力行,知行合一,做实干家。"学到的东西,不能停留在书本上,不能只装在脑袋里,而应该落实到行动上,做到知行合一、以知促行、以行求知。"不论学习还是工作,都要面向实际、深入实践,实践出真知;都要严谨务实,一分耕耘一分收获,苦干实干"。

一方面,学校开展了各种形式的诚信体验活动,通过学生亲身的参与,体验诚信的必要性、意义。计算机科学与技术学院、会计学院通过诚信购水爱心服务站、爱心义卖等活动,培养学生们的诚信意识,让诚信看得见、摸得着。还通过诚信支教活动向中学生们宣传诚信思想,自己的意识能力也得到很大的提升;无人监考考验学生自理能力和毅力。

另一方面,学校从失信动机出发,通过心理育人和学业帮扶,从根源上解决学生失信动机,让学生完全可以通过自己的努力实现成长成才的目标,不需要冒险犯错,从而使诚信行为从被动变为主动。学校开展心理育人解决客观障碍,解决学生自己学习困难而导致的不得不投机取巧的问题。2018年上半年开展个体咨询230余人次,团体辅导活动200余人次;专职教师参加培训120学时;选拔培训宿舍朋辈心理辅导志愿者5500余名,深入学生各个生活空间关注帮助学习困难学生。学校进行学业帮扶解决能力短板,以"学业互助课堂"为平台,将学生课外学习、实践、勤工助学等活动与学生自助、朋辈互助相结合。选拔优秀学生担任"授课教师",有偿讲课,免费听课。设立微积分、概率论、四六级、素质发展、考研经验论坛等主题课程,开设"学业互助微信课堂"。

总而言之,新时代对高校提出了新的要求。我们应当推进诚信教育的不断创新,加强思想引领,加强协同发展,通过思想引领、形式创新、制度建设、实践强化等形式加强学风、考风中的诚信建设,促进学生形成诚信的品质,带到工作中去,带到社会主义建设中去,成为中国特色社会主义事业的合格建设者和可靠接班人。

三、北京财贸职业学院:融以文化人和立德树人为一体的诚信建设路径

诚信文化是中华文明的重要组成部分,是新时代社会主义核心价值观的重要组成部分。孔子曰:"民无信不立。"人没有信用就没有立足之地,国无信不强,一个国家没有诚信就要垮掉。高校作为文化育人,诚信育人的重要实施场所,理应充分挖掘诚信文化育人资源,以诚信文化育人为抓手,不断创新思想政治工作,培育德才兼备、全面发展的人才。高校要把诚信文化教育贯通人才培养全过程,使诚信文化教育落地生根。

(一)融以文化人和立德树人为一体的素养教育总框架

1."一师两课"课程思政育人

在专业课教学中坚持课程思政,与德育课协同育人。在会计基础课中融入敬业意识和操守意识;企业纳税实务课中融入法治思想和依法纳税意识,企业会计核算课中突出诚信守则,不做假账;财务报表审计课中贯穿公正意识,对股东和投资者负责,对国家和社会公众负责。

2."一誓一节"立信会计品牌育人

秉承立信"信以立志、信以守身、信以处事、信以待人,勿忘立信,当必有成"的24字箴言,通过师生在潘序伦铜像前的"诚信"宣誓,举办会计文化节等活动,熏陶学生立志、守身、处事、待人、立信的会计职业特质。

3."一课三礼一中心"文化育人

编写《会计文化》教材,开设会计文化课程,开展"拜师、成人、谢师"三礼仪,汇集会计文化学习中心,建设会计文化数字化资源,建设会计文化走廊,突出会计文化育人。

4."三阶段四平台一证书"素养教育全程育人

通过"三阶段、四平台教育、一证书"构成全方位多维度的全程育人体系,使"感恩、爱心、诚信、责任、创新"的财贸素养贯穿育人全过程,使学生成为有素养的会计职业人。

（二）加强会计文化品牌建设——立信会计文化

立信会计文化是以"诚信"为核心的会计文化。包括"以人化文"和"以文化人"相互促进、相互提高、互为前提的文化演进过程。

1. 中国现代会计之父——潘序伦（以人化文）

潘序伦（1893—1985），是国内外颇负盛名的会计学家和教育家，被国外会计界誉为中国的"会计之父"，被国内会计界誉为"会计泰斗"，1927 年创办了"潘序伦会计事务所"，他从实践中感到开展会计师业务首先要取信于社会，因而将"潘序伦会计事务所"改名为"立信会计事务所"。取自于《论语》"民无信不立"。先后创立"立信会计专科学校""立信会计补习学校"和"立信高级会计职业学校"。

潘序伦先生提出"信以立志、信以守身、信以处事、信以待人、毋忘立信、当必有成"的"立信准则"。对我国会计教育事业，特别是会计"诚信教育"的发展产生了很大的推动作用。

1987 年上海立信会计专科学校为潘序伦先生塑造了我国第一尊会计学者的铜像。后来，无锡立信职教集团和北京财贸职业学院立信会计学院分别落成潘序伦铜像，以纪念潘序伦老先生和传承立信会计文化。

2. 立信会计是国内著名的会计品牌（以文化人——立信精神）

（1）立信会计品牌的特征。

立信会计是国内著名的会计品牌，已有 90 年的历史，立信会计品牌有如下特征：

①90 年历程，历史悠久，是国内历史最悠久的会计品牌。

②事业宏大，大咖云集，社会知名度高。大批立信学子使立信会计事业不断扩大，立信会计师事务所是国内业务量最大的事务所；立信会计的前辈顾准、娄尔行、杨纪琬、许毅等都是我国会计领域泰斗级人物。

③诚信品牌雄天下，社会美誉传四海。立信会计品牌的核心是"诚信"，立信会计学校的毕业生在社会上很受欢迎，加拿大对立信会计学校毕业生"会计诚信评价"项目是免检的。由于立信人的共同努力，使立信会计的美名享誉海内外。

④三位一体新模式，学验并重职教新。立信会计开辟了会计学校、会计师事务所、会计图书用品社"三位一体"的办学模式，立信会计教学突出"学验并重、知学合一"的办学理念。在高职教育蓬勃发展的今天，鼓励产学研相结合，提倡理实一体化，其实这些职业教育人才培养的理念早在 90 年前潘序伦先生就已提出，并在他开办的学校里实施，是极具创新性的，也形成了立信会计的办学特色。

（2）立信会计品牌的内涵可以用"开创传承"四个字概括：

开中华会计之先河，创立信品牌之美誉，传学验并重之理念，承三位一体之模式。

（3）立信会计品牌的核心价值是"诚信"。

"信"，承载着人的情感、意志，信念是内在的品质；立志、守身、处事、待人是行为，其核心是对人品的要求。

首先,立信会计倡导知行合一,以知导行,知行一致。

"信"被人知,知其是什么,为什么。成为信念后,不是空挂在嘴上,而是要落实在行动中,达到知行合一的目的。

其次,立信会计由内修而外炼,育人效果明显。

"立志、守身"为内修,其中"立志"为首,"守身"是其保证,"处事、待人"为外炼。先求内修再求外炼,必能水到渠成,瓜熟蒂落。如果一个内心虚伪龌龊,不求内修的人,只讲"外功",或通过大搞人际公关竭力美化个人形象,并制造不实业绩,就势必弄巧成拙,最后必招致自毁。

再次,立信会计揭示了"立信"与事业成功的因果关系。

亚里士多德说过:"人的行为总是一再重复。"当每一个人在"立志、守身、处事、待人"四个方面都能有"诚信",其行为就不是一时一事的冲动或偶尔为之,而是成为了自己的一种好习惯。这就是"毋忘立信,当必有成"的基本道理。这也完全符合观点、行为、习惯、命运之间一系列因果关系的科学规律。

(三)会计文化品牌——传承立信会计文化(以文化人——实践)

利用入学教育、开学教育、清明节、教师节和会计文化节开幕及校庆校友回校等时间节点和特定节日,组织教师和学生到潘序伦铜像前宣誓,教师和学生自发购买鲜花,祭奠潘序伦老先生。立信会计学院号召同学们路过潘序伦铜像前行注目礼。学生社团对潘序伦铜像进行维护,保证整洁。潘序伦成为诚信的化身和会计职业人职业精神的偶像。

(四)传承会计文化,重复形成习惯

1. 传承会计文化——每年举办会计文化节

从2012年开始,我校已经连续举办七届会计文化节了。文化节历时一天,包括会计文化论坛、会计技能大赛和会计专题讲座。会计文化节活动,为同学们搭建了丰富多彩的活动平台,不仅传承了专业文化,陶冶学生的情操,提升学生的职业素养,也促进了良好学风的形成。

2. 较早形成文化育人的理念

早在2003年开始招收高职会计专业和税务代理专业时,就提出了"泡菜工程",意在营造培养高等职业人才的文化氛围,开展读书活动、诚信文化辩论会、演讲比赛等,推动校园文化、专业文化建设,增加会计人的职业底蕴。

3. 较早提出了"会计职业人"的理念

随着"泡菜工程"的实施,在2005年左右,我们逐渐认识到会计需要具备一些特质,认真、严谨、诚信、合作、责任等都是会计必须具备的特质,于是提出"会计职业人"的理念。

4. 率先编写会计文化教材和开设会计文化相关课程

(1)围绕会计职业人的培养结合立信会计文化,2006年出版了《潘序伦与立信文化知行教

程》,是从文化形态上研究潘师信德的书,它以潘师 24 字校训为线索,升华立信文化;以潘师思想言行解读立信文化。我们认为,"信",既为做人之本,又是会计职业道德的精髓,因此,是以 24 字为表现形式的立信文化的基本内涵,应是蕴涵了会计职业道德精髓的做人准则,24 字既是培养人才的目标,又是培养人才的途径和方法。我们同时认为,潘师创意立信文化有两大基石(或说两大支柱):其一是他深刻的会计职业观;其二是他深厚的传统文化底蕴,因而使校训建立在科学合理和扎实可行的基础之上。本书定名为《潘序伦与立信文化知行教程》,并是以讲义的形式写的。在综合、归纳、引申、拓展、解读立信文化时,是按是什么、为什么、怎样做来展开的。目的是使学生能深刻认知,又要使学生认真践行,达到知行统一。

(2)2012 年出版《会计文化》教材,主要收录了古代会计事件与人物、近代会计人物与事件、现代会计人物与事件、会计工具和会计方法的演变和未来发展、中国原始记录方式的演变、中国会计使用工具的演变、中国会计记账平衡公式、方法、文本等的演变、中国各历史时期会计主要贡献、对未来发展的展望、各历史时期会计的发展水平与职能、原始社会时期和奴隶社会时期等内容。

(3)2012 年校内出版《会计文化荟萃》一书,会计职业文化的繁衍与传承需要人文精神来支撑,感性的文化可以在不同的文化作品如对联、谜语、顺口溜、俗语、歇后语、笑话、典故、三句半以及会计与生活等不同形式中予以表现。更重要的是在感性的基础上达到升华形成会计人的人文价值观,达到对职业价值取向的认同,准则的坚守,进而达到对自我行为约束和自我职业归属的"自由王国"。以期大家在研究会计原理、准则、制度、职业道德等知识和技能的同时,能够汲取与会计有关林林总总的文化细胞,遴选和吸收其精髓,排除其糟粕,做到"扬弃"。同时也希望会计学习与工作不再单调与乏味,会计职业根植于深厚的文化底蕴当中,会计的人文精神大放异彩,会计的人文价值观更加符合社会、行业和自身的发展,会计职业人的文化素养更加凸显与丰腴。

5. 传承会计文化——建设会计文化学习中心

2018 年 12 月 14 日会计文化学习中心的启用,为学生们专业素养的学习与实践又提供了一个场所,也给会计课程改革打开了一个全新的视角。会计文化学习中心包括:立信文脉、会计源流、财税溯源、史海钩沉、以人化文和以文化人等展区,不仅是学生会计文化学习和体验的场所,同时作为立信会计学院教学、科研基地,将成为传承传统文化、会计文化和诚信教育的平台,成为京津冀地区高职院校研究会计文化的交流平台,成为服务社会的共享开放平台,成为会计职业人才培养的高地。

6. 传承会计文化——演绎会计节目(以文化人)

先后演出舞蹈《全聚德的火》《瑞福祥的尺子》和《算盘舞》等,话剧《潘序伦》《漕运码头》,小品《诗话会计》《会计的歇后语时代》等以文化人。还主编了《财贸舞蹈艺术素质教程》,该教材是在多年教学实践基础上探索出的,既适用于非舞蹈专业、无相关艺术素质基础的学生,又适用于具有专业舞蹈基础的学生。通过轻松、唯美、欢快的舞蹈方式,有针对性地培养学生诚实守信、公平竞争、义利并重的职业素养，培养他们认真工作的劳动态度和文明经商的行为规范，提升他们的伦理素质，使他们拥有善恶分明的商业价值观，尽快成长为具有较强的经营服务能力和较高道德修养的首都现代服务业从业人员。同时对提升学生艺术品位和艺术鉴赏能力，弘扬"爱国、敬业、诚信、友善"的社会主义核心价值观，塑造"有爱心、讲诚信、负责任"的财贸品格素养都有积极的促进作用。

7. 传承中国传统文化——成人礼强化责任守诚信

立信会计学院承接了学校的成人礼活动已经 6 年了，每次学生身着汉代服装，行汉代礼仪，进行加冠加笄仪式，场所不固定，有时候在国子监有时候在校园。此举旨在借助衣着服饰，营造文化氛围，让学生感知社会秩序的严肃、感恩父母师长的教导、诚信做人，让大家在"穿越"的礼制中继承、学习、发扬诚信等优秀传统文化。这个活动在北京的高校中应该是比较有创新的，获得过全国文化育人二等奖。

四、山西财政税务专科学校：以"至诚至信"精神，推进诚信文化建设

山西财政税务专科学校是一所培养财经应用型人才的国家示范性高等职业学校。办学以来，学校秉承"至诚至信，至善至美"的校训，坚持"立足专科，控制规模，强化实践，突出特色，打造精品，创建名校"的办学思路，遵循"能力本位，工学结合，校企合作，持续发展"的高等财经类职业教育理念，全面提升内在品质和社会影响，为全国财经行业输送了大批素质优、业务精、能力强的财经类专门人才，为山西地方经济的发展，全面建设和谐社会做出了积极贡献。

学校坚持育人为本，并积极根据高职教育发展趋势，结合学校办学定位和教育部对高职院校人才培养目标的要求，把德育工作放在首位，突出以诚信、敬业为重点的职业道德教育。开展诚信文化建设，以提升学生诚信素质为宗旨，打造诚信文化品牌，取得了良好的育人效果，产生了积极的社会影响。

（一）"至诚至信"是山西财专大学精神的体现

山西财专作为一所财经类院校，培养的学生主要是从事经济领域的工作。诚信，既是学生应有的基本道德准则，也是学生未来参与经济活动"最好的竞争手段"。"无信不立"是我国传统道德的核心，因此"志不强者智不达，言不信者行不果"，而信用也是市场经济的生命和灵魂，诚信为本是市场经济的基本准则。为此，学校将"至诚至信"作为山西财专大学精神的重要内容之一，通过诚信教育，使学生的道德情操达到"至诚至信，至善至美"的境界与高度，使学生求真务实，坚持诚信，诚信做人，诚信做事，以诚待人，以诚取胜，从而达到人生和事业的高峰。

（二）"至诚至信"渗透在山西财专的教育教学实践上

1. 山西财专的"至诚至信"表现在广大教师的职业操守与言传身教上

"至诚至信"是财专教师长久以来的追求与理念。第一任校长牛二红曾给校刊题词"求真务实"，第二任校长王世运也曾题词"诚信为本，认真做人，踏实做事"，现任校长申长平在学校

的大会议室题写了对联"以才彰德，德如流，清流见底；携诚树信，信比峰，高峰入云"。因此，诚信是财专教师的座右铭，是财专教师的自觉传承，也是财专大学文化的核心内容。而"至诚至信"则是财专教师在职业情怀上自我要求的境界与高度。它一是体现了广大教师对职业的忠诚与热爱，对财经教育事业高度的敬业精神；二是体现了广大教师具有高度的职业操守，信守职业要求，遵守职业道德。

在这种文化氛围与精神引导下，财专的教师忠诚财经教育，在做人上胸怀坦荡，诚信为本，以诚待人，携诚树信；学问上坚持真理，求真务实，不虚假，以诚求道；教学上诲人不倦，以诚解惑，"诲汝知之乎？知之为知之，不知为不知，是知也"。正是这种对诚信的传承与坚持，使财专的广大教师能够将知识与品格完美地结合，知与行完美地统一，他们的"道德文章，堪为师表"，也潜移默化地影响着大学生的健康成长，使学生在知识与品格上达到"至诚至信"的境界。

2.山西财专的"至诚至信"表现在贯穿始终的教学实践中

"至诚至信"是山西财专教育教学中的重要一环。入学教育时，"做一个诚信的财专人"的主题教育会贯穿于学生的整个大学生涯；期末考试时，"诚信考试"的誓言会延续成学生参加各种考试的一种自我约束；一年一度的校园文化节，"会计呼唤诚信"是永恒的主题；课堂教学中，前总理朱镕基题写的上海国家会计学院的校训"不做假账"，及对北京国家会计学院的题词"诚信为本，操守为重，遵循准则，不做假账"会成为所有财专学生的职业信仰；实训教学中，晋商文化的核心"诚信为本，纵横欧亚九千里；以义制利，称雄商场五百年"，会深入学生的灵魂深处，成为财专学生的职业追求。正是这种无时不在、无处不有的诚信教育教学的环境，使财专的学生养成了诚信的品格，为未来参与经济活动锻炼了"最好的竞争手段"。

山西财专的诚信教育紧紧围绕诚与信的规范和确立，通过诚信教育教学实践，从价值观念、思想道德、行为规范上完善学生的诚信品格，提升学生的职业素养，实现文化的育人功效。

（三）"至诚至信"体现在山西财专的育人环境上

多年来，山西财专从建立诚信教育机制、设置诚信课程体系、营造诚信育人环境等方面入手，广泛实践诚信理念，不断丰富诚信教育内涵，让"诚信"教育从理论走向实践，推动诚信教育的蓬勃发展。

山西财专将诚信教育贯穿于新生入学至学生毕业的各个阶段。在新生入学伊始，学校就扎实开展有关诚信方面的始业教育和典型示范教育，开设诚信文化主题讲座，毕业时进行诚信就业等教育；平时进行失信后果教育，发挥警示作用；每学期都对学生的诚信行为进行考评，作为评优、信贷、入党等的依据。

同时，山西财专在校区环境建设中融入诚信文化因子，学校以"至诚至信、至善至美"为校训，在校歌《财专之歌》中也将诚信文化融入其中。校园里的建筑和场馆，都有对"诚信文化"的进一步演绎，校园内的一些标志上也用名言警句、对联等反映"诚信、明理、笃行"的学风，使学生漫步校园间会不经意地获得某种警醒或启迪，发挥"润物细无声"的育人功效。正是对诚信文化的建设,山西财专的独特气质和精神风范才能够在众多的高职院校里独树一帜,引领风骚。

(四)"至诚至信"体现在山西财专丰富多彩的校园文化建设上

丰富多彩的校园文化建设,既体现了一个学校的办学特色,也是高职院校诚信教育的一个重要环节。因此,山西财专在校园文化建设上,不断打造诚信教育的品牌,创新诚信教育的内容与手段,提升学生参与校园文化建设的兴趣,从而提升诚信教育的效果。

形式多样的诚信活动是加强诚信文化建设、提升学生诚信品质的有力助推器。为进一步优化育人环境,彰显诚信文化特色,引导学生传承中华民族传统美德,自觉践行社会主义核心价值观,学校将每年的5月定为"文明修身·阳光暖身"的主题活动月,开展了形式多样、内容丰富的系列主题活动,以此引导学生参与到活动中来,自觉将诚信作为自己的品行修炼内容,牢固树立诚信思想,接受实践考验。

举办诚信教育大讲堂,开展"诚为本、信为先"宣传教育活动。帮助青年学生理解诚信的内涵和重要性,通过诚信宣传教育引导青年学生树立"说诚实话,办诚实事,做诚实人"的诚信观念,自觉加强诚信建设,从而营造风清气正的良好校园氛围。举办主题为"诚信优先还是效益优先"的辩论赛、"倡导诚信与感恩、争做文明大学生"大型主题书画展、"我与诚信"大型征文比赛、"诚信立学、诚信立身、诚信立业"专题教育等活动。活动由校团委、学生会统一部署、督促检查,将主题班会作为校园文化活动的一个重要内容。主题班会上,学生们畅所欲言,围绕诚信话题展开热烈讨论,一致认为诚信意识的培养应该从日常小事做起,要对自己负责,对父母负责,更是回报学校、回报社会的具体表现。通过研讨,大家找出了之前的不足,更加明确了诚信的具体要求,自我约束力大大增强,使同学们更加有归属感和集体荣誉感。在学校举办的各种大型活动中都能看到财专学子宣传诚信理念、提倡诚信人生的身影。同学们将诚信理念传播给家人、朋友,并在社会实践活动中自发地向市民群众等进行宣传,弘扬诚信文化。

育人为本一直是山西财专秉承的办学理念,而诚信教育是其中不可或缺的重要环节。山西财专通过丰富多彩的校园文化活动,使全校学生从理论到实践、身体力行地体会诚信文化的感召力。通过校园文化"至诚至信"的"文化浸润",使山西财专的学生具有"厚德载物"之心,达到"至善至美"的思想境界。

(五)山西财专诚信教育的思考与发展

山西财专的诚信教育,经过多年的探索、建设和发展,无论是体制、机制还是运行状况都较为稳定和规范,在彰显学校精神、强化育人效果等方面显示了初步成效,产生了积极的社会影响。多年来,学校先后被评为国家首批示范校、国家级依法治校示范校、山西省文明学校、山西省人才培养工作优秀单位。

诚信教育与诚信文化建设是山西财专当前和今后育人工作的重点,是加强学生思想政治工作、提升学生职业素养的重要手段。在未来,学校在保持原有建设构架和教育内容的

同时,将加大诚信文化的建设力度,积极构建以诚信文化为基本特色的职业素质教育格局,不断提升诚信文化品质和水平。学校将继续利用信息化管理手段建立诚信档案,实行诚信评价考核制度,对学生的诚信意识、诚信行为等进行观测,加强对学生诚信素质的培养。学校还将采用互联网等传播手段,加强网络诚信教育。利用当代最具社会影响力的传播方式,对诚信道德建设起到越来越重要的影响。同时,利用网上丰富的诚信教育资源塑造高校学子的诚信风貌。

"路漫漫其修远兮,吾将上下而求索。"在今后的办学实践中,山西财专将秉承与坚持"至诚至信"的财专精神,不断创新诚信教育的方式、方法与手段,遵循高等职业教育的基本规律,坚持自己的办学理念,贯彻自己的办学思路,锐意改革,为中国的高等职业教育做出更大的贡献。

参考文献

[1] 涂争鸣.试论诚信的内涵与价值[J].江汉论坛,2006(4):78—83.

[2] 李桂梅.诚信的功能[J].船山学刊,2005(4):193—195.

[3] 焦国成.关于诚信的伦理学思考[J].中国人民大学学报,2002(5):19—20.

[4] 本书编写组.思想道德修养与法律基础[M].北京:高等教育出版社,2007.

[5] 郝晓敏.诚信内涵解析[J].经济师,2006(4):25—26.

[6] 高红敏.比尔·盖茨给青少年的9个忠告[M].北京:中国纺织出版社,2005.

[7] 王晓晖.积极培育和践行社会主义核心价值观[J].求是,2012(23).

[8] 陈秉公.论支撑中华民族伟大复兴的铸魂工程——解读十八大报告提出的"积极培育和践行社会主义核心价值观"[J].中国高等教育,2013(2):22—26.

[9] 唐凯麟,中共湖南省委教育工作委员会,湖南省教育厅.大学诚信读本[M].长沙:湖南师范大学出版社,2007.

[10] 车滨,黄英.诚信的经济学意义、缺失及其思考[J].理论学刊,2005(6).

[11] 杨巨友.感悟诚信[EB/OL].(2014-04-03)[2011-02-24]http://www.360doc.com/content/11/0224/10/4917028_95630388.shtml.

[12] 山东考生.诚信[EB/OL].(2014-04-03)[2004-04-21]http://learning.sohu.com/2004/04/21/61/article219906152.shtml.

[13] 寻梦向天歌.培植诚信[EB/OL].(2014-04-03)[2007-02-20]http://article.hongxiu.com/a/2007-2-19/1716600.shtml.

[14] 朱红平.诚信之美[J].百草岭,2006(1).

[15] 2001年高考优秀作文选登[N].中国青年报,2001-08-08(3).

[16] 叶公.诚信乃生存之基[J].北京纪事,2001(23).

[17] 梁红恩.诚信为本 信誉为天[EB/OL].(2014-04-03)[2010-05-08]http://youth.sdut.edu.cn/news/7/4657.html.

[18] 草原一丁.诚信为人之根本[EB/OL].(2014-04-03)[2013-01-12]http://www.sanwen8.cn/subject/454180/.

[19] 谢寒梅.诚信赢天下[M].北京:台海出版社,2015.

[20] 章含之.毛主席"还债十年"的故事[J].大地,2002(12).

[21] 樊庆红,晏辉.美德故事丛书[M].石家庄:河北少年儿童出版社,2002.

[22] 沈括.梦溪笔谈[M].北京:中华书局,2013.

[23] 郝勇.中国古代修身故事大观[M].北京:海潮出版社,2005.

[24] 赵翠婷,刘振香.带着公公改嫁的好儿媳[EB/OL].(2018-11-28)http://tangshan.huan-bohainews.com.cn/system/2018/11/28/011825803.shtml.

[25] 周文冲.为你,十年又十年——"诚信老爹"吴恒忠的故事,新华社新媒体 https://baijia-hao.baidu.com/s? id=1607397745233665737&wfr=spider&for=pc.

[26] 深度解读:浙江"最多跑一次"改革的"前世今生"[EB/OL].https://www.sohu.com/a/236930340_448551.

[27] 国外官员档案造假成本高[EB/OL].(2015-05-05).http://news.hexun.com/2015-05-05/175543193.html.

[28] 李世平.诚信故事 100 例[M].上海:立信会计出版社,2017.

[29] 倪基塔.加拿大人诚信的故事[N].环球时报,2005-04-06(14).

[30] 李嘉诚:一个"诚"字赢天下[EB/OL].(2014-04-03)[2007-06-17]http://news.qq.com/a/20070614/001263_2.htm.

[31] 诚信比赚钱更重要!这些"守信"和"失信"案例值得看[EB/OL].https://zj.zjol.com.cn/news/872656.html.

[32] 浙江在线:"最多跑一次"改革没有局外人[EB/OL].http://zjnews.zjol.com.cn/zjnews/zjxw/201902/t20190211_9427016.shtml.

[33] 黄志.权力"深喉"[M].北京:人民日报出版社,2008.

[34] 厉胜男.重返伤心地首尔 本约翰逊为 25 年前错误"还债"[N].杭州日报,2013-09.

[35] 王倩."大众"的失控与失信[J].名人传记(财富人物),2015(10).

[36] 杨抒燕.价格欺诈 昆明两家乐福各罚 50 万[EB/OL].(2014-04-03)[2011-01-30]http://www.shxb.net/html/20110130/20110130_269469.shtml.

[37] 郭舜东.获奖藏羚羊摄影作品造假始末[J].南都周刊,2008(10).

[38] 罗提.CEO 卫哲引咎辞职 马云要求团队"刮骨疗伤"[EB/OL].(2014-04-03)[2011-02-22]http://www.chinanews.com/it/2011/02-22/2858852.shtml.

[39] 诚信比赚钱更重要!这些"守信"和"失信"案例值得看 https://zj.zjol.com.cn/news/872656.html.

[40] 习近平.习近平谈治国理政[M].北京:外文出版社,2014.

[41] 康志杰,胡军.诚信,传统意义与现代价值[M].北京:中国社会科学出版社,2004.

[42] 唐贤秋.道德的基石[M].北京:中国社会科学出版社,2004.

[43] 吴晨.大学生诚信价值观的涵育路径探究[J].思想理论教育导刊,2019(2):46—49.

[44] 秦小冬,马颖军.大学生诚信品质培养着力点[J].人民论坛,2018(22):122—123.

[45] 周立梅.关于当代大学生诚信价值观念建构的思考[J].青海民族大学学报:社会科学版,2013(1):130—133.

[46] 陈博.高校资助工作中大学生诚信缺失问题分析及对策研究[J].青年与社会,2014(7):46—47.

［47］刘艳华.新形势下我国大学生诚信缺失问题及对策研究［J］.教育理论与实践,2017(3)：41—43.

［48］王川.当代大学生诚信的培养［J］.河北理工大学学报:社会科学版,2007(2):125—127.

［49］蒋笃君.创新大学生诚信教育的探索［J］.郑州大学学报：哲学社会科学版,2013(4)：27—29.

［50］陈万柏,张耀灿.思想政治教育学原理［M］.2版.北京:高等教育出版社,2007.

附录1

中央文明委关于推进诚信建设制度化的意见

各省、自治区、直辖市精神文明建设委员会,中央精神文明建设指导委员会各成员单位:

为深入贯彻党的十八大、十八届三中全会精神和习近平总书记系列重要讲话精神,落实国务院印发的《社会信用体系建设规划纲要(2014—2020年)》,大力培育和践行社会主义核心价值观,切实形成诚信建设良好的社会舆论环境,着力推进诚信建设规范化长效化,现就推进诚信建设制度化提出如下意见。

一、推进诚信建设制度化的重要意义、指导思想和主要原则

(一)充分认识诚信建设制度化的重要意义。诚信是社会主义核心价值观的重要内容,是公民基本道德规范,是社会主义市场经济的基础。党中央国务院高度重视诚信建设,党的十八大提出深入开展道德领域突出问题专项教育和治理,加强政务诚信、商务诚信、社会诚信和司法公信建设;党的十八届三中全会强调建立健全社会征信体系,褒扬诚信、惩戒失信。各地各部门认真贯彻党中央国务院决策部署,推进社会信用体系建设,弘扬诚信理念,推广先进典型,开展专项整治,诚信建设取得积极进展。同时要看到,诚信建设与人民群众期望还有差距,与经济社会发展水平还不相适应,覆盖全社会的征信系统尚未形成,社会诚信意识和信用水平整体偏低,商业欺诈、合同违法、制假售假、偷排污染物、偷逃骗税、学术不端等不良现象时有发生,诚信缺失仍然是经济社会发展中一个突出问题,诚信建设制度机制亟待健全和完善。当前,我国正处于全面深化改革、加快推进社会主义现代化的关键时期,也是大力推进诚信建设的有利时机。加强诚信制度化建设,对于完善社会主义市场经济体制,培育和践行社会主义核心价值观,推进国家治理体系和治理能力现代化,提升国家软实力和整体竞争力,具有十分重要的意义。

(二)推进诚信建设制度化的指导思想。高举中国特色社会主义伟大旗帜,以邓小平理论、"三个代表"重要思想、科学发展观为指导,贯彻落实习近平总书记系列重要讲话精神,以培育和践行社会主义核心价值观为根本,以加强社会信用体系建设为基础,以褒扬诚信、惩戒失信为重点,以完善法律法规为保障,大力推进诚信建设制度化,建立完善长效工作机制和运行机制,着力营造讲诚实、守信用的舆论环境、经济环境、社会环境,为实现中华民族伟大复兴的中国梦提供有力道德支撑。

(三)推进诚信建设制度化的主要原则。坚持以人为本、教育为先,把培育诚信价值观念作为长期任务;坚持制度保障、规范约束,把推进征信系统全覆盖作为重要基础;坚持德法并举、

刚柔相济,把道德教化与依法制裁作为有效手段;坚持政府有力推动、企业主动作为、社会共同参与、公民普遍响应,把政府、企业和社会力量汇集于推进诚信建设各方面各环节;坚持问题导向、集中治理,把不断取得阶段性成果作为回应人民群众关切的重要标志,力求在治理重点领域、解决突出问题上求突破,在激励守信、惩戒失信上见实效,使全社会诚信意识普遍增强,诚信风尚日益形成,诚信社会愈益健全。

二、建立起全覆盖的社会信用信息记录

(四)加快征信系统建设。积极推进建立自然人、法人和其他组织统一社会信用代码制度,依法收集、整合区域内公民、法人和其他组织的信用信息,完善信用信息基础数据库,逐步实现信息采集全覆盖。完善信用标准体系,制定全国统一的信用信息采集和分类管理标准,统一信用指标目录和建设规范。健全行业信用信息记录制度,以各类企业和从业人员为重点,把信用信息采集融入注册登记、资质审核、日常监管各环节,尽快完善工商、税务、安全生产、产品质量、环境保护、食品药品、医疗卫生、知识产权、工程建设、交通运输、检验检测等事关人民群众日常生产生活重点领域的信用档案。加快国家统一征信平台建设,力争在2017年基本建成集合金融、工商登记、税收缴纳、社保缴费、交通违章等信用信息的统一平台,形成覆盖全部社会主体、所有信用信息类别、全国所有区域的信用信息网络。

(五)建立信用信息共享机制。促进各部门各地区信用信息系统统筹整合,依法推进信用信息互联互通和交换共享,有效消除信用信息"壁垒"、"孤岛"。依法对信用信息进行分级管理,确定查询权限,促进各类社会主体的信用状况公开透明、可查可核。推动有关部门在行政管理、市场监管和公共服务中使用信用记录和信用报告,逐步实现多部门、跨地区、跨领域信息联享、信用联评、守信联奖、失信联惩,让守信者处处受益、失信者处处受限。

三、大力营造诚信建设有力宣传舆论声势

(六)培育诚信理念。"爱国、敬业、诚信、友善",是公民价值准则。要深入宣传阐释"诚信"的丰富内涵和基本要求,使诚信价值准则深入人心。党报党刊、通讯社、广播电视要拿出重要版面时段、推出专栏专题,运用新闻报道、言论评论、专题节目等形式传播诚信理念。都市类、行业类媒体要发挥贴近群众的优势,用生动活泼的宣传报道引导人们践行诚信价值。互联网、手机等新兴媒体要运用微博、微信、微视、微电影等传播手段,扩大诚信宣传覆盖面。发挥公益广告引领文明风尚的作用,加强选题规划和设计制作,加大在各类媒体和公共场所的刊播力度,让人们在耳濡目染中恪守诚信规范。抓住"3·15"消费者权益日、"诚信兴商宣传月"、"全国质量月"、"食品安全宣传周"、"6·14信用记录日"和"五一"、"十一"、元旦、春节等重要时间节点,利用举办大型经贸活动、商品博览会等有利时机,增加宣传频率,形成宣传声势。

(七)宣传先进典型。大力发掘、宣传诚信人物、诚信企业、诚信群体,发挥先进典型的示范作用,引导人们见贤思齐。既持续宣传老模范的感人事迹,也及时宣扬新模范的高尚行为;既

在全社会推出具有重大影响的诚信人物,也在各地各行业和基层单位推出一诺千金的凡人善举;既宣传公民个人守信践诺之举,也宣传骨干企业、优势产业、知名品牌以诚信创一流的先进经验,塑造诚信国家形象。

(八)鞭挞失信行为。充分发挥舆论监督作用,对失信败德行为进行批评揭露,使之成为"过街老鼠"。要区分性质、把握适度,对尚未造成严重危害的弄虚作假现象,在系统和单位通报批评、责令整改;对影响恶劣的重大违法案例,进行公开曝光、有力鞭挞,形成强大舆论压力。加强对失信行为处罚结果的跟踪报道,以反面典型为教材进行德法释义,警示人们守住诚信做人"底线"、敬畏法律"高压线"。发动群众参与道德评议,组织大讨论等活动,形成民间舆论场,引导人们加强自我约束。

(九)弘扬诚信文化。汲取中华优秀传统文化的思想精华和道德精髓,阐发蕴含其中的讲诚信、重然诺的宝贵品格和时代价值,引导人们诚意正心。构建适应社会主义市场经济发展的诚信文化,引导人们正确处理经济利益与道德追求的关系,深刻认识市场经济既是契约经济、信用经济,又是法制经济、道德经济,在追逐物质利益的过程中享有精神收益。运用社区市民学校、公益性文化单位、文化服务中心等阵地,通过经典诵读、道德讲堂、论坛讲座、展览展示等形式,培育诚信文化。创作弘扬诚信的影视剧、小说和戏曲等文艺作品,做好展演展示,用文化传播和滋养诚信价值理念。

四、切实增强诚信教育实践针对性实效性

(十)突出企业主体诚信教育。抓好企业主群体的诚信教育和培训工作,引导他们把诚信守法经营理念奉为信条,切实负起主体责任,在生产经营、财务管理、履行纳税义务、环境管理和劳动用工管理等各环节建立信用管理流程,自觉抵制失信行为。各类企业要开展全员诚信教育,建立职工诚信考核评价制度,使诚信成为企业职工的基本规范。企业管理部门要把诚信教育作为对企业服务管理的重要内容,融入证照颁发、业务办理的流程中,把守信履约要求作为对企业年度考评的重要依据。

(十一)抓好公共服务人员诚信教育。党员干部要以身作则、率先垂范,用模范行为带动诚信风尚的形成。公务员、医务人员、社会工作者以及社会中介服务人员直接服务于人民群众生产生活,他们的诚信言行对于增强人际互信具有重要影响。要深入开展公务员诚信、守法和道德教育,把诚信纳入公务员招录考试内容,增强公务员法律和诚信意识。认真贯彻政府信息公开条例,提高决策和施政透明度,提升政府公信力。引导医务人员崇尚服务理念,大力弘扬医者仁心、救死扶伤的医德。在律师、会计师、税务师、环境影响评价工程师、社会工作者等职业人群资格准入、专业评价、年审考核、职称评定中,强化诚信教育内容,培养职业操守,建立诚信档案,对严重失信行为实行"一票否决"。

(十二)纳入学校教育。坚持育人为本、德育为先,把诚信贯穿基础教育、高等教育、职业技术教育、成人教育各领域,落实到教育教学和管理服务各环节。构建各级各类学校有效衔接的

诚信教育体系,在各级各类学校的德育课、思政课以及道德实践中强化契约精神教育、专题法制教育,研究建立学生诚信评价考核办法。建立和规范体现诚信内涵的礼仪制度,把诚信嵌入到成人礼、毕业典礼等仪式中。切实加强师德建设,强化诚信执教、为人师表理念,以人格魅力为学生展示"行为世范"。依法依规严肃惩戒学术造假、论文抄袭、考试作弊等失信行为,将国家教育考试诚信档案与社会诚信档案相连通,纳入国家统一征信平台,引导师生以诚立身、诚信做人。

(十三)广泛开展诚信主题实践活动。坚持知行合一,运用生动有效的实践载体,引导人们把诚信理念转化为自觉行动。文明城市、文明村镇、文明行业、文明单位等群众性精神文明创建活动,要深化思想道德内涵,把诚信建设的要求贯穿到创建内容安排中、体现到工作各环节中。各行各业要结合业务和生产经营实际,开展各具特色的诚信实践活动,引导人们立足岗位践行诚信规范。生产企业作为实体经济的基础环节,要以"质量第一"为主题,用规范的管理制度、精细的工艺流程、严格的质量标准,把诚信渗透在产品生产和售后服务的各个环节。商贸流通企业作为市场秩序的关键环节,要以"履约守信"为主题,深化"百城万店无假货"、"诚信经营示范店"等活动,倡导公平交易、以诚待人,构建诚信商业环境。窗口行业作为直接服务人民群众的基层单位,要以"人民满意"为主题,用礼貌热情的态度、周到高效的工作,提供高质量服务,提升公众美誉度。当前,要突出"舌尖上的安全",在食品药品企业开展"诚信做产品"活动,倡导树立尚德守法、以义取利的义利观,倡导以信笃行、以诚兴业的传统美德,让广大人民群众"吃得安全、用得放心"。

五、建立健全激励诚信、惩戒失信长效机制

(十四)形成褒扬诚信的政策导向。各地各部门在确定经济社会发展目标和发展规划、出台经济社会重大政策和重大改革措施时,要把讲社会责任、讲社会效益、讲守法经营、讲公平竞争、讲诚信守约作为重要内容,形成有利于弘扬诚信的良好政策导向、利益机制。在制定与公民现实利益密切相关的具体政策措施时,要注重经济行为与价值导向的有机统一,建立完善政策评估和纠偏机制,防止具体政策措施与诚信建设相背离。职能部门在市场监管和公共服务过程中,要充分应用信用信息和信用产品,使诚实守信者享有优待政策,形成好人好报、善有善报的正向机制。

(十五)开展突出问题专项整治。各地各部门要经常梳理经济社会发展中诚信热点问题、人民群众普遍关注的失信败德行为,有针对性地开展专项整治。食品药品监管部门,要严厉打击制售假冒伪劣、有毒有害食品药品的黑工厂、黑窝点、黑作坊、黑渠道,严惩重处食品药品违法犯罪;工商部门,要严厉打击各种非法传销活动,狠抓社会影响大、涉案地区广的大案要案;质检部门,要扎实推进"质检利剑"行动,严厉打击产品质量违法行为;公安部门,要严厉打击利用电话、网络诈骗犯罪行为,保护群众财产安全;网管部门,要深入推进整治网络谣言专项行动,抓一批重大案件,列出一批"黑名单";工信部门,要尽快落实手机卡实名制,有效切断境外

网络改号电话从国际端口局以及各地电信企业落地进入境内程控网的管道;银行部门,要把落实银行卡实名制作为重点,推动对境外操作境内网银进行转账的限制、快速异地冻结赃款等工作落实。

(十六)建立诚信发布制度。推动各地各部门依据法律法规,按照客观、真实、准确的原则,建立诚信红黑名单制度,把恪守诚信者列入"红名单",把失信违法者列入"黑名单"。对于列入"黑名单"的,根据违法违规性质和社会影响程度,分别采取"一对一"警示约谈、"一对多"部门间通报、在媒体公开发布等不同措施。中央文明办在与最高人民法院等部门联合发布失信被执行人名单的基础上,继续会同有关部门发布食品药品安全、企业产品质量、环境安全、纳税情况、债务偿付情况等方面的"黑名单",发布失信惩戒措施。有关部门和社会相关单位对列入"黑名单"的失信者,要共同依法实施惩戒,形成扬善抑恶的制度机制和社会环境。

(十七)完善诚信监督体系。坚持行政监管、行业管理、社会监督相结合,构建多层面、全过程、广覆盖的监督体系,对各类社会信用主体实施有效监管,从源头上遏制失信行为。政府职能部门针对失信易发多发的行业领域,加大监管力度,强化风险排查,提升诚信监管效能。邀请各级人大代表、政协委员,到生产企业、服务窗口和公共场所明察暗访,提出意见建议。推动行业协会商会更好发挥自律作用,加强管理和服务,对行业成员形成监督约束。建立健全有奖举报制度,鼓励群众举报失信违规行为,对举报问题及时查处。大众传媒要开展建设性舆论监督,营造守信光荣、失信可耻的舆论氛围。对借舆论监督之名实施敲诈勒索的假新闻、假媒体、假记者,要及时发现、及时查处,提高媒体公信力。

六、有力营造诚信建设法治环境

(十八)坚持严格执法。促进各类管理主体把诚信价值理念贯彻到依法治国、依法执政、依法行政实践中,有法必依、执法必严、违法必究,用法律的刚性约束增强人们守信的自觉性。严格落实执法者主体责任,加大执法监督力度,切实解决监管部门执法难、司法判决执行难的问题,对执法不严、查处不力的部门和责任人依法实行问责追究。推动执法部门建立联动机制、形成执法合力,运用多种手段进行综合治理,使失信行为受到应有惩处。

(十九)深化普法教育。结合落实国家普法工作规划,深入宣传合同法、产品质量法、食品安全法、环境保护法、消费者权益保护法、征信业管理条例等法律法规,弘扬社会主义法治精神,增强人们的学法、尊法、守法、用法意识。突出抓好党政机关、执法部门法律法规学习培训,增强带头守法意识,提高依法行政能力。组织法律专业人员和志愿服务队伍到村镇、社区、机关、企业等城乡基层普及诚信方面的法律知识,增强人民群众遵纪守法观念和依法保护自身权益的能力。

(二十)健全法规制度。推进信用立法工作,推动相关部门和立法机构依据上位法出台配套制度、实施细则及司法解释,使信用信息征集、查询、应用、互联互通、信用信息安全和主体权益保护等有法可依、有章可循。推动各地把一些行之有效的管理经验上升为法规制度,制定诚信建设地方性法规、行政规章和规范性文件。具有立法权的全国文明城市、提名城市在诚信法规制度方面要先行先试、积累经验,为国家信用法规建设提供借鉴。

七、切实加强诚信建设制度化组织领导

(二十一)形成统分结合工作机制。各地各部门要把诚信建设制度化摆上重要位置,贯穿到经济社会发展各领域,推动诚信建设与业务工作、诚信教育与管理举措融为一体。建立健全党委统一领导、文明委组织协调、职能部门各负其责、全社会共同参与的工作格局,加强统筹规划,加强组织实施,加强督促落实。支持配合社会信用体系建设部际联席会议发挥统筹协调作用,加快构建社会信用体系,为全社会诚信建设夯实基础。文明委成员单位要率先抓好自身诚信建设,积极支持参与诚信建设制度化工作,形成工作合力。相关行业主管部门要认真履行职责,依据业务范围,细化诚信建设制度化具体举措。各级党委宣传部、文明办要做好组织实施、协调推进工作,加强与各部门的信息沟通和联络服务,加强对重点任务的检查督导,把各方面积极性都调动发挥出来,形成齐抓共管的良好局面。

推进诚信建设制度化,是培育和践行社会主义核心价值观的一项重要任务,关系改革发展稳定,关系人民切身利益。各地各部门要认真贯彻习近平总书记倡导的"三严三实"的要求,坚持重点突破、整体推进,坚持持之以恒、久久为功,坚持落细落小落实,以诚信建设制度化的良好效果,构建诚实守信的经济社会环境。

中央精神文明建设指导委员会

2014 年 7 月 23 日

附录 2

国务院办公厅关于加强个人诚信体系建设的指导意见
国办发〔2016〕98 号

各省、自治区、直辖市人民政府，国务院各部委、各直属机构：

为弘扬诚信传统美德，增强社会成员诚信意识，加强个人诚信体系建设，褒扬诚信，惩戒失信，提高全社会信用水平，营造优良信用环境，经国务院同意，现提出以下意见。

一、总体要求

（一）指导思想。全面贯彻落实党的十八大和十八届三中、四中、五中、六中全会精神，深入贯彻习近平总书记系列重要讲话精神，按照党中央、国务院决策部署，以培育和践行社会主义核心价值观为根本，大力弘扬诚信文化，加快个人诚信记录建设，完善个人信息安全、隐私保护与信用修复机制，健全守信激励与失信惩戒机制，使守信者受益、失信者受限，让诚信成为全社会共同的价值追求和行为准则，积极营造"守信光荣、失信可耻"的良好社会氛围。

（二）基本原则。

一是政府推动，社会共建。充分发挥政府在个人诚信体系建设中的组织、引导、推动和示范作用。规范发展征信市场，鼓励调动社会力量广泛参与，共同推进，形成个人诚信体系建设合力。

二是健全法制，规范发展。健全个人信息法律法规、规章制度和标准规范，严格保护个人隐私和信息安全。

三是全面推进，重点突破。以重点领域、重点人群为突破口，推动建立各地区各行业个人诚信记录机制。依托全国信用信息共享平台与各地方信用信息共享平台、金融信用信息基础数据库与个人征信机构，分别实现个人公共信用信息、个人征信信息的记录、归集、处理和应用。

四是强化应用，奖惩联动。积极培育个人公共信用信息产品应用市场，推广个人公共信用信息社会化应用，拓宽应用范围。建立健全个人诚信奖惩联动机制，加大个人守信激励与失信惩戒力度。

二、加强个人诚信教育

（一）大力弘扬诚信文化。将诚信文化建设摆在突出位置，以培育和践行社会主义核心价值观为根本，大力普及信用知识，制定颁布公民诚信守则，将诚信教育贯穿公民道德建设和精神文明创建全过程。加强社会公德、职业道德、家庭美德和个人品德教育,营造"守信者荣、失信者耻、无信者忧"的社会氛围。

(二)广泛开展诚信宣传。结合春节、国际消费者权益日、劳动节、儿童节、网络诚信宣传日、全国信用记录关爱日、诚信兴商宣传月、国庆节、国家宪法日暨全国法制宣传日等重要时间节点和法定节假日,集中宣传信用政策法规、信用知识和典型案例。推动创作中华传统诚信文化与时代价值观相融合的诚信文艺作品、公益广告,丰富诚信宣传载体,增加诚信宣传频次,提升诚信宣传水平。

(三)积极推介诚信典型。充分发挥媒体舆论宣传引导作用,大力发掘、宣传有关部门和社会组织评选的诚信道德模范、优秀志愿者等诚信典型。组织各类网站开设网络诚信专题,经常性地宣传推广各类诚信典型、诚信事迹,推出一批高质量的网络诚信主题文化作品,加强网络失信案例警示教育。支持有关部门和社会组织向社会推介诚信典型和无不良信用记录者,推动实施跨部门、跨领域的守信联合激励措施。

(四)全面加强校园诚信教育。将诚信教育作为中小学和高校学生思想品德教育的重要内容。鼓励高校开设社会信用领域相关课程。支持有条件的高校院所开设信用管理相关专业。推动学校加强信用管理,建立健全18岁以上成年学生诚信档案,推动将学生个人诚信作为升学、毕业、评先评优、奖学金发放、鉴定推荐等环节的重要考量因素。针对考试舞弊、学术造假、不履行助学贷款还款承诺、伪造就业材料等不诚信行为开展教育,并依法依规将相关信息记入个人信用档案。

(五)广泛开展信用教育培训。建立健全信用管理职业培训与专业考评制度。加大对信用从业人员的培训力度,丰富信用知识,提高信用管理水平。鼓励各类社会组织和企业建立信用管理和教育制度,组织签署入职信用承诺书和开展信用知识培训活动,培育企业信用文化。组织编写信用知识读本,依托社区(村)各类基层组织,向公众普及信用知识。

三、加快推进个人诚信记录建设

(一)推动完善个人实名登记制度。以公民身份号码制度为基础,推进公民统一社会信用代码制度建设。推动居民身份证登记指纹信息工作,实现公民统一社会信用代码全覆盖。运用信息化技术手段,不断加强个人身份信息的查核工作,确保个人身份识别信息的唯一性。以互联网、邮寄递送、电信、金融账户等领域为重点,推进建立实名登记制度,为准确采集个人诚信记录奠定基础。

(二)建立重点领域个人诚信记录。以食品药品、安全生产、消防安全、交通安全、环境保护、生物安全、产品质量、税收缴纳、医疗卫生、劳动保障、工程建设、金融服务、知识产权、司法诉讼、电子商务、志愿服务等领域为重点,以公务员、企业法定代表人及相关责任人、律师、教师、医师、执业药师、评估师、税务师、注册消防工程师、会计审计人员、房地产中介从业人员、认证人员、金融从业人员、导游等职业人群为主要对象,有关部门要加快建立和完善个人信用记

录形成机制,及时归集有关人员在相关活动中形成的诚信信息,确保信息真实准确,实现及时动态更新。金融信用信息基础数据库和个人征信机构要大力开展重点领域个人征信信息的归集与服务。鼓励行业协会、商会等行业组织建立健全会员信用档案。

四、完善个人信息安全、隐私保护与信用修复机制

(一)保护个人信息安全。有关部门要严格按照规定建立健全并严格执行保障信息安全的规章制度,明确个人信息查询使用权限和程序,做好数据库安全防护工作,建立完善个人信息查询使用登记和审查制度,防止信息泄露。严格按照相关法律法规,加大对金融信用信息基础数据库、征信机构的监管力度,确保个人征信业务合规开展,保障信息主体合法权益,确保国家信息安全。建立征信机构及相关人员信用档案和违规经营"黑名单"制度。

(二)加强隐私保护。未经法律法规授权不得采集个人公共信用信息。加大对泄露、篡改、毁损、出售或者非法向他人提供个人信息等行为的查处力度。对金融机构、征信机构、互联网企业、大数据公司、移动应用程序开发企业实施重点监控,规范其个人信息采集、提供和使用行为。

(三)建立信用修复机制。建立个人公共信用信息纠错、修复机制,制定异议处理、行政复议等管理制度及操作细则。明确各类公共信用信息展示期限,不再展示使用超过期限的公共信用信息。畅通信用修复渠道,丰富信用修复方式,探索通过事后主动履约、申请延期、自主解释等方式减少失信损失,通过按时履约、志愿服务、慈善捐助等方式修复信用。

五、规范推进个人诚信信息共享使用

(一)推动个人公共信用信息共享。制定全国统一的个人公共信用信息目录、分类标准和共享交换规范。依托各地方信用信息共享平台建立个人公共信用信息数据库。依托全国信用信息共享平台,逐步建立跨区域、跨部门、跨行业个人公共信用信息的互联、互通、互查机制。

(二)积极开展个人公共信用信息服务。各级人民政府要依法依规及时向社会提供个人公共信用信息授权查询服务。探索依据个人公共信用信息构建分类管理和诚信积分管理机制。有条件的地区和行业应建立个人公共信用信息与金融信用信息基础数据库的共享关系,并向个人征信机构提供服务。

六、完善个人守信激励和失信惩戒机制

(一)为优良信用个人提供更多服务便利。对有关部门和社会组织实施信用分类监管确定的信用状况良好的行政相对人、诚信道德模范、优秀志愿者,行业协会商会推荐的诚信会员,以及新闻媒体挖掘的诚信主体等建立优良信用记录,各级人民政府要创新守信激励措施,对具有优良信用记录的个人,在教育、就业、创业等领域给予重点支持,尽力提供更多便利服务;在办理行政许可过程中,对具有优良信用记录的个人和连续三年以上无不良信用记录的行政相对

人,可根据实际情况依法采取"绿色通道"和"容缺受理"等便利服务措施。鼓励社会机构依法使用征信产品,对具有优良信用记录的个人给予优惠和便利,使守信者在市场中获得更多机会和收益。

(二)对重点领域严重失信个人实施联合惩戒。依法依规对严重危害人民群众身体健康和生命安全、严重破坏市场公平竞争秩序和社会正常秩序、拒不履行法定义务严重影响司法机关和行政机关公信力以及拒不履行国防义务等个人严重失信行为采取联合惩戒措施。将恶意逃废债务、非法集资、电信诈骗、网络欺诈、交通违法、不依法诚信纳税等严重失信个人列为重点监管对象,依法依规采取行政性约束和惩戒措施。在对失信企事业单位进行联合惩戒的同时,依照法律法规和政策规定对相关责任人员采取相应的联合惩戒措施,将联合惩戒措施落实到人。鼓励将金融信用信息基础数据库和个人征信机构采集的个人在市场经济活动中产生的严重失信记录,推送至全国信用信息共享平台,作为实施信用惩戒措施的参考。

(三)推动形成市场性、社会性约束和惩戒。建立健全个人严重失信行为披露、曝光与举报制度,依托"信用中国"网站,依法向社会公开披露各级人民政府掌握的个人严重失信信息,充分发挥社会舆论监督作用,形成强大的社会震慑力。鼓励市场主体对严重失信个人采取差别化服务。支持征信机构采集严重失信行为信息,纳入信用记录和信用报告。

七、强化保障措施

(一)加强组织领导。各地区各部门要统筹规划,部署实施个人诚信体系建设工作。建立工作考核推进机制,对本地区、本领域个人诚信体系建设工作要定期进行督促、指导和检查。

(二)建立健全法律法规。逐步建立和完善个人诚信体系建设法律法规,加强对个人信息安全和个人隐私的保护,有力维护个人信息的主体权利与合法权益,完善个人公共信用信息记录、归集、处理和应用等各环节的规范制度,为个人诚信体系建设创造良好的法制环境。

(三)加大资金支持力度。各地区各部门要加强社会信用体系建设经费保障,对个人诚信体系建设组织工作、管理工作积极予以经费支持。加大对个人公共信用信息数据库建设、信息应用、宣传教育和人才培训等各方面的资金支持力度。

(四)强化责任落实。各地区各部门要高度重视个人诚信体系建设工作,强化责任意识,细化分工,明确完成时间节点,确保责任到人、工作到人、落实到人。

各地区各部门要加强领导,高度重视,率先垂范,结合工作实际,切实有效开展个人诚信体系建设相关工作。国家发展改革委会同有关部门负责对本意见落实工作的统筹协调、跟踪了解、督促检查,确保各项工作平稳有序推进。

国务院办公厅

2016 年 12 月 23 日

附录 3

上海交通大学密西根学院诚信守则(2013 版本)

1. 导言

诚信守则涵盖交大密西根学院所有相关人员应遵守的道德行为规范,适用于所有本科生、研究生,以及在学院修课的学生、教员、职员以及管理人员。

诚信守则基于下列信条:

工程师,无论是学生或是就业,都须具备个人诚信,保证安全、健康、公正,确保所有资源的正确使用。

所有交大密西根学院成员是诚实而值得信赖的。

交大密西根学院的学生、教职工要彼此信任,坚守诚信守则的信条,对任何违反诚信守则的行为负有共同的责任。

不劳而获的学习成果是可耻的。

2. 诚信守则的实行

诚信守则旨在为交大密西根学院的课程规定提供支持和规定。教师在准备其课程规定时有很大自由发挥的余地,导致不同课程有不同的规定。教师有职责根据诚信守则的原则来制定其课程规定。

学生有责任了解并执行交大密西根学院的诚信守则。密西根学院检举违反行为比交大其他学院严格,特别是没经教师允许的抄袭他人作业、报告、课程项目,或是剽窃已出版文献,都被视为违反诚信守则。

由于不同教师的课程规定差异很大,教师有责任在每学期开学时以书面声明其课程规定。学生有责任了解这些规定,若不清楚必须咨询教师。诚信守则支持每门课程规定,无论其内容为何。

学生如果觉得教师没有完全实行诚信守则,可以联系教师或诚信委员会成员讨论,如有必要,可考虑进一步的行动。

交大密西根学院的学生在上其他学院开设的课程时必须遵守该学院的规定。如有触犯嫌疑,则送交该学院的负责机构处理。

交大密西根学院与密西根大学工程学院共享违反诚信守则的记录。交大密西根学院的学生如果在密西根大学违反诚信守则,视同违反交大密西根学院诚信守则。同样地,任何人违反交大密西根学院的诚信守则,无论是交大密西根学院的双学位学生或是密西根大学的学生,也被视同违反密西根大学的诚信守则。根据密西根大学的规定,交大密西根学院的双学位学生或是申请者必须将违反诚信守则的记录告知密西根大学。

非交大密西根学院的学生修密西根学院的课或使用密西根学院的设施也必须遵守本诚信守则。有违反嫌疑者将被送交诚信委员会与教师纪律委员会处理。学生所属学院的负责机构也将被通知。

3. 考试、测验以及课堂作业

以下的规定适用于考试、测验与课堂作业。

考试时,学生必须听从指示坐在指定的座位。两人之间隔一空位,以确保考试时的空间,减少作弊的可能;即使两人之间不能隔一空位,仍然必须遵守诚信守则。

学生必须携带学生证以随时接受检验身份。除非经特别许可,学生不能带与考试无关的东西进入教室,例如电脑、影音播放机、手机或其他电子设备。教师如果允许计算机、教科书或笔记等用于考试,则会事先通知。

考试期间,学生经过允许可以短暂离开教室,在教室内外都不能有关于考试的沟通,任何与考试有关的问题都得直接向教师提出。

考完试,学生必须在试卷上签署诚信承诺。诚信承诺如下:"在本考试期间,我没有给予或接受未经允许的帮助,也没有隐匿任何自己或者包庇他人违反诚信守则的行为。"

如果学生没有签署诚信承诺,教师可以不批阅其试卷。无论学生有无签署诚信承诺,都必须遵守诚信守则。

4. 课程作业以及引文的标注

诚信守则适用于所有课堂外作业,诸如家庭作业、编程作业、实验报告、论文、课程项目、带回家考试以及其他课程教师指定的活动。

教师可以允许学生合作完成课程作业。然而,除非特殊指明,学生应默认独立完成课程作业。如果允许合作,教师应阐明何种形式的合作在允许的范围内。教师亦可要求学生在课程作业上签署诚信承诺。

学生将任何非本人劳动或想法作为自己成果提交将违反诚信守则,适用于诸如来自其他学生以及书籍、网络和其他来源的思想理念、文字表述。没有正确的引用思想理念、文字表述或者他人的工作将被视为剽窃。

剽窃行为在交大密西根学院被视为极其严重的行为,学生应遵守教师规定的引用规范。如:

使用任何其他文献中三个词或者三个词以上的短语并未加以正确引用的。引用原文任何连续三个词或三个词以上的短语必须加双引号以标识("引文内容")。

使用未加引用的内容,进行少量修改(如词序或者时态)来避免以上提到的三词原则的。

使用任何他人原创的事实、数据、想法或者理论并未引用原创者(机构等)的。

转述想法或者理论并未加以引用原创者的。

正确的引用格式有许多种(如 APA 格式、MLA 格式等)。当判断违反诚信守则的行为是

否发生时,除非任课教师明确规定,否则引用格式的种类并不十分重要。然而,如使用他人的词语或想法,学生必须明确标注并加以充分精确的引用以便读者能够追溯原始内容或原文。

如非特殊情况下任课教师事先明确授权,使用电脑翻译软件(如谷歌翻译)一般情况下是不允许的。

尽管一般情况下剽窃是违反诚信守则的行为,学生可能起初并不知晓恰当的引用规范。若学生在一门旨在指导学生正确归纳、引用和署名的课程的作业中被发现存在剽窃行为,则任课教师或诚信委员会可以判定学生并未违反诚信守则。

5. 大学文档

官方学术表格和记录,包括电子记录,都是交大密西根学院或上海交通大学的财产。篡改、替换、不正当获取、销毁,或其他不正当使用这些文件或电子资料都是违反诚信守则的行为。

6. 电脑账户和软件

学生在没有任课老师或同学的许可下,不得擅自登录或篡改班级账户或其他同学的电脑账户;学生在没有允许的情况下,不得肆意修改、登录或干扰任何成绩、资料的记录以及学院计算软件工具的使用。

学院提供给学生使用的电脑属于交大密西根学院的公共财产,供学生使用的软件也是学院的公共财产,或有使用权限;任何未经许可的备份或篡改电脑及软件都是违反诚信守则的行为。

7. 非学术的违反行为

诚信守则同样适用于学术事务以外的行为,例如偷窃、破坏公物、伤害他人、故意干扰电脑资源等不良行为。特殊情况下,案件可越过诚信委员会由教师纪律委员会直接调查。

8. 诚信委员会

诚信委员会完全由密西根学院学生组成,其主要目的是调查可能违反诚信守则的案件。

诚信委员会成员可以到课堂为学生解答诚信守则相关问题,帮助学生了解其理念。有成员毕业并离开密西根学院时,诚信委员会会按照章程招纳新成员。

诚信委员会调查每个涉嫌违反诚信守则的案件并决定是否存在违反诚信守则的行为,其最终决定以及处罚建议将提交至教师纪律委员会。

任何学生或教师如不同意诚信委员会决定,可向教师纪律委员会提出申诉,请求案件交予诚信委员会重新审查。

9. 教师纪律委员会

教师纪律委员会(FCD)由密西根学院教师组成,其主要目的是决定违反诚信守则的学生的惩罚措施,最终惩罚措施的决定将参考诚信委员会的惩罚建议。

教师纪律委员会如果认为案件的某些方面没有充分调查清楚,会将案件交予诚信委员会诚信调查,教师纪律委员会通常不会直接调查涉嫌违反诚信守则的案件。

教师纪律委员会的决定通常为终审决定,特殊情况下,当事人可向学术委员会(APG)提出申诉。学术委员会由学院理事会认可的学院和密西根大学领导成员组成。

10. 诚信守则的违规检举

诚信守则的遵守有益于交大密西根学院的学生、教师、行政人员。基于彼此信任,所有人都应坚持其原则和制度,任何学生和教师都有责任随时检举有嫌疑违反诚信守则者,知而不报也是违反诚信守则。

若学生发现违反诚信守则的行为,则须立即通知任课教师。为确保公平公正,教师如认为有必要,必须按照诚信守则的规定采取适当的行动。

诚信委员会的调查是保密的,因此涉及的学生和教师不能与无关者讨论案件,透露私密信息属违反诚信守则的行为。

密西根学院保留所有违反诚信守则的记录。诚信委员会和教师纪律委员会分别保存记录,该记录不计入学生的常规档案。与密西根学院和密西根大学均有关联的学生,其诚信记录必要时会与密西根大学共享。

11. 违反诚信守则的调查

如果学生涉嫌违反诚信守则,他/她有权力和义务与诚信委员会合作,提供证据并为自己在听证会中辩护。

被控诉的学生有权参加案件相关的所有听证会,并有权过目所有相关证据。

诚信委员会决定涉嫌学生是否违反诚信守则并作出适当的处罚建议。诚信委员会将会在听证会结束三天之内通知学生、任课教师(如果可行)以及教师纪律委员会其决定。

涉嫌违反的学生和教师如不同意诚信委员会的决定,有权在两个星期内向教师纪律委员会提出上诉。教师纪律委员会可决定是否亲自调查案件或否定诚信委员会的决定并要求诚信委员会进一步调查。诚信委员会最终决定学生是否有违反行为。

教师纪律委员会审阅诚信委员会提交的建议。若诚信委员会发现学生违反诚信守则,则教师纪律委员会将考虑诚信委员会的建议做出处罚决定,其决定并不限于诚信委员会的建议。教师纪律委员会对相关学生做出最终处罚决定。

教师纪律委员会下达决定后两周内,学生和任课教师均有权对教师纪律委员会的决定向学术委员会(APG)提出申诉。学术委员会由学院理事会认可的学院和密西根大学领导成员组成。

12. 惩罚

第一次违反诚信守则的惩罚通常是将涉及的作业扣分和课程成绩降级。

第二次违反诚信守则的惩罚更加严重,除了涉及的作业扣分和课程成绩降级,学生将必须修额外的学分才能达到毕业要求。

此外,交大密西根学院会根据上海交通大学的规定建议给予学生以下处分(并记入个人档

案);警告、严重警告、记过、留校察看以及休学或退学。教师纪律委员会根据违反的性质和严重性,决定惩罚等级。

对于非学术的违反诚信守则者,教师纪律委员会根据违反的性质决定给予上述任一种惩罚。

学生被记过或留校察看以后再违反诚信守则会被退学,交大密西根学院将会建议上海交通大学开除学生。

对首次或更多次违反诚信守则者,上海交通大学可能会采取除了采取交大密西根学院诚信守则之外的规定,包括退学等措施(详见上海交通大学学生手册)。

◎ 内不欺己,外不欺人,上不欺天,君子所以慎独。——清·金缨《格言联璧·持躬》◎

附录 4

康奈尔大学学术诚信条例

在所有的学术事业中,每一位康奈尔大学的学生都应该保证绝对的诚信。要保证这样的诚信必须坚持一套价值观,对学术界来说最重要的价值观要建立在对自己和他人成果以及知识的尊重上。

学术诚信不仅适用于课程环境中,也适用于所有与教育过程相关的学术活动,包括大学资源的使用。康奈尔大学的学生需要提交学术学分报告,表明这项工作是学生自己完成的。所有来自外界的帮助都应该得到承认,并且学生在任何时候都必须如实报道。

学生不得篡改(misrepresent)自己的作业。

学生不得以欺骗(fraud)手段或不正当(unfairly advance)的方式获得学分。

学生应拒绝各种形式的学术不诚信行为,保持学术诚信。

学生不得以任何其他方式违反学术诚信原则。

违规的例子

故意将他人的工作成果当做自己的工作成果。

在考试、论文或其他学术作品中使用、获取或提供未经授权的协助。

伪造实验数据以完成之后的工作。

伪造签名以证明完成课程作业或向研究生院推荐自己。

通过囤积或破坏图书馆资料而使自己有不公正的学术优势。

考试(Examinations)

在考试期间,学生不得使用、提供或接受未经授权的任何帮助或信息。不得请人代考或者代替别人考试,在考试期间,学生不得与任何无关人员进行协商。

课程作业(Course Assignments)

学校鼓励学生互相讨论一个课程的内容,并互相帮助,但是学生不应该代替他人完成作业。因为独立作业的目的就是为了测试学生独立完成学术任务的能力。抄袭他人的作业是违反学术诚信基本原则的,如果在作业中引用了别人的作品,必须按规定的格式注明引用的来源。在未经导师授权的情况下,不能重复提交作业,也就是说两门课不能提交相同或者相似的一份作业。

学术不端行为（Academic Misconduct）

教员可以对发生在教室或者考场的任何学术不诚信行为进行处罚,学术不诚信行为包括但不限于:在考试期间交头接耳,将未经授权的材料带入考场以及在课堂上进行破坏行为等。

电脑以及网络的使用

尊重其他用户信息的隐私,即使这些信息没有得到安全的保护。尊重软件的所有权,例如,不要使用盗版软件。尊重系统的有限容量和使用限制,以免干扰其他用户的使用。

学术诚信听证委员会有权决定是否将某项具体行为视为违反学术诚信条例的行为。违反"学术诚信准则"的人将受到相应的处罚,并可能受到州和联邦法律的处罚。

在发现学生有学术不诚信行为的时候教员必须及时通知学生,并告诉他们处罚的原因已经及将会产生的后果。如果学生对老师通知的结果有异议,可以要求学校的学术诚信听证委员会（Academic Integrity Hearing Board）进行审查。

学术诚信听证委员会在收到审查要求后应该立即召开会议,但如果可能的话,应提前7天通知各方。

出席听证的人员

学生有权由顾问和/或相关证人陪同。教员有权带相关证人出席听证会。如果举行了初级听证会还应该有第三方独立证人。主席召集的其他任何人。如果学生或教职人员未能出席听证会,理事会将有充分的权力在其缺席的情况下继续进行。董事会成员应听取争议各方的意见,并审查所提供的所有证据。董事会可以在主席的决定下征求外部意见。主席应主持听证会,确保任何一方不威胁或胁迫任何参与者。

学生有权质疑自己的案子,并对指控或证据提出质疑。学生的顾问可以协助学生进行演讲和提问。每次听证会至少有三分之二的投票理事出席,其中包括两名学生和两名教员。主席只有在表决时才能投票。只有在有明确的和有说服力的证据证明学生违反了本规范的情况下,理事会才能认定学生有罪。

附录 5

关于诚信问题的调查问卷

学校_____ 专业：_____

年级：_____ 性别：_____ 籍贯：_____ 年龄：_____

是否独生子女：是(　　) 否(　　)

请在以下各题的(　　)内填上你的选项。

1. 你对诚信问题(　　)。

　　A. 很重视 B. 一般关心

　　C. 觉得无所谓 D. 逃避谈论这类题

2. 你认为我们大学生的总体诚信状况：(　　)。

　　A. 很好 B. 一般 C. 较差 D. 很差

3. 你认为诚信在中国传统文化中所占的地位：(　　)。

　　A. 很重要 B. 比较重要 C. 一般 D. 无足轻重

4. 你认为在构建诚信社会的过程中，法律和道德舆论约束作用哪个更大？(　　)。

　　A. 法律 B. 道德 C. 说不清楚 D. 一样大

5. 你认为当前我们的诚信教育有效吗？(　　)。

　　A. 很有效 B. 比较有效

　　C. 效果一般 D. 几乎没有什么效果

6. 你认为当今我国社会，国民的总体诚信情况：(　　)。

　　A. 很好 B. 一般好 C. 较差 D. 很差

7. 你认为中国距离诚信社会还有多远？(　　)。

　　A. 10 年以内 B. 20 年以上 C. 50 年以上 D. 说不清楚

8. 要防止"毒面粉"、"大学生高考枪手"事件频发，最主要的手段应当是(　　)。

　　A. 诚信教育 B. 舆论监督 C. 政府管理 D. 法律法规

9. 你认为大学生考试作弊的人数占所有人数的：(　　)。

　　A. 很大一部分 B. 较多 C. 少数人这样 D. 极少

10. 你认为当代大学生在就业方面的诚信：(　　)。

　　A. 很好 B. 一般 C. 较差 D. 很差

11. 你认为不少大学生诚信缺失的主要原因是什么？（　　）。

    A. 社会大环境中的不诚信影响　　　　B. 家长、老师、朋友的影响

    C. 高校教育体制（如考试、评价等）不合理 D. 中小学教育不够

12. 你认为诚信给自己带来的最大益处是什么？（　　）。

    A. 使自己得到别人的认可　　　　　　B. 提高自己的道德修养

    C. 为拓宽交友面起到巨大的推动作用　D. 没有益处

13. 你认为对你诚信观念形成影响最主要因素是:（　　）。（可多选）

    A. 传统文化中道德观念的影响　　　　B. 家庭成员的影响

    C. 学校教育的影响　　　　　　　　　D. 学校的氛围以及校园文化的影响

    E. 电视、报纸等传统媒介形式的影响　F. 网络的影响

    G. 朋友的影响　　　　　　　　　　　H. 法律制约

    I. 社会风气的影响　　　　　　　　　J. 所学专业的影响

    K. 制度约束　　　　　　　　　　　　L. 其他_____

14. 你认为自己在哪些问题上做到诚信最困难:（　　）。

    A. 谎言可以保护自身利益时　　　　　B. 指出他人缺点时

    C. 涉及自己或他人的隐私问题　　　　D. 其他

15. "志不强者智不达,言不信者行不果",从古至今诚信是每一个社会人必备的优秀品质,亦是社会主义核心价值观中的重要内容。作为当代大学生,你认为应该改善周围缺乏"诚信"的局面最有效途径是:（　　）。

    A. 建立、健全完善的个人诚信档案　　B. 加强思想道德素质建设

    C. 完善法规、法律体系建设,使人有法可依,违法必究

    D. 加大行政部门的监督管理力度　　　E. 随着社会的发展自然会解决

16. 你对朋友"诚信"要求的底线是:（　　）。

    A. 凡是言必信,行必果　　　　　　　B. 对别人如何无所谓,但对自己要讲信用

    C. 允许其在特殊情况时有失信行为　　D. 无所谓要求,大不了尔虞我诈

17. 考试时,你的好友坐你后面,要抄你答案,你会（　　）。

    A. 很乐意给他看　　　　　　　　　　B. 不太愿意,但碍于朋友面子,只好给他看

    C. 只会给他看一次,下不为例　　　　D. 为了教育帮助他,不给他看

18. 如果你要申请减免学杂费或困难补助,你会对你的家境情况:（　　）。

    A. 如实说　　　　　　　　　　　　　B. 基本上照实说,稍微有点渲染

    C. 按照申请要求加些渲染　　　　　　D. 大肆渲染

19. 你在毕业择业时,如果看到别人写假履历,做假证书、奖状等而找到了一份比较好的工作。这时你的做法是:（　　）。

    A. 别人作假找到了好工作,我实事求是说不定还要碰壁,所以自己也作假

    B. 作假迟早会被用人单位发现,不是长久之计,所以自己一般不会作假的

　　C. 诚信是做人的根本,决不作假　　　　　D. 我自己有能力,作假只是锦上添花而已

20. 若你是企业领导者,你能否接受大学毕业生在择业时的违约行为:(　　)。

　　A. 一般不能接受,因为造成了企业的损失

　　B. 可以接受,理解年轻人选择更好职位

　　C. 年轻人不成熟的表现,视具体情况而定

　　D. 深恶痛绝,无论如何都不原谅

21. 据了解,在一些学校,特别是外语类大学、外语院系、法律院系,替考"枪手"已经成为一些学生的兼职。另外有一些学生则经营起校园"中介"来。即针对不同的需求轻易找到合适的人选。

　　对于一些学校里出现的"枪手""枪手中介",您认为(　　)。

　　A. 有需要就有供给,这很自然,符合市场规律

　　B. 这也是"靠能力吃饭"嘛,可以接受,很正常

　　C. 这涉及一个人的道德问题,应该大力禁止

　　D. 无所谓,反正我既不会充当"枪手",也不会请"枪手"

22. 从图书馆借阅书籍已成为我们学习的一种重要的途径,可是我们也发现一些同学延期不还或借书不还,还有一些同学在所借的书籍上批注、涂改。对于这种现象,您认为(　　)。

　　A. 这完全是由于图书馆管理制度不严格造成的

　　B. 这也是学生获取知识、占有知识的一种体现,可以理解

　　C. 我向来都是按期归还,爱护书籍,其他人就不管了

　　D. 只为自己的方便,而不考虑别人,不自觉遵守图书馆的规章,不可取

23. 国家助学贷款是国家运用金融手段,由银行面向普通高等学校中家庭经济确实困难的学生发放的,用于支付在校期间的学费、生活费并由国家财政给予利息的人民币信誉贷款。可不少学生贷款后并不能按期归还款项,使国家蒙受损失。对于这一现象,您认为(　　)。

　　A. 这是个人信用问题,有借必有还。应该加强学生的诚信意识教育

　　B. 既然是国家发放帮助贫困生的,不还也可以理解

　　C. 不太清楚,我没贷过

　　D. 还有这种事,没听说过,早知道我就贷了

24. 下面是一些描述人们品质的词语,请您对它们进行排序(　　)。

　　A. 正直,做事有原则　　　　　　　　B. 诚实守信

　　C. 待人友善,乐于助人　　　　　　　D. 聪明机灵,随机应变

　　E. 彬彬有礼　　　　　　　　　　　　F. 乐观豁达

　　G. 意志坚强

25. 你对构建诚信社会有信心吗?(　　)。

　　A. 有　　　　　　B. 时有时没　　　　　　C. 没有　　　　　　D. 不关心这个问题

附录6

银行业从业人员职业操守

二〇〇七年二月九日

第一章　总　则

第一条　[宗旨]

为规范银行业从业人员职业行为,提高中国银行业从业人员整体素质和职业道德水准,建立健康的银行业企业文化和信用文化,维护银行业良好信誉,促进银行业的健康发展,制定本职业操守。

第二条　[从业人员]

本职业操守所称银行业从业人员是指在中国境内设立的银行业金融机构工作的人员。

第三条　[适用]

银行业从业人员应当遵守本职业操守,并接受所在机构、银行业自律组织、监管机构和社会公众的监督。

第二章　从业基本准则

第四条　[诚实信用]

银行业从业人员应当以高标准职业道德规范行事,品行正直,恪守诚实信用。

第五条　[守法合规]

银行业从业人员应当遵守法律法规、行业自律规范以及所在机构的规章制度。

第六条　[专业胜任]

银行业从业人员应当具备岗位所需的专业知识、资格与能力。

第七条　[勤勉尽职]

银行业从业人员应当勤勉谨慎,对所在机构负有诚实信用义务,切实履行岗位职责,维护所在机构商业信誉。

第八条　[保护商业秘密与客户隐私]

银行业从业人员应当保守所在机构的商业秘密,保护客户信息和隐私。

第九条　[公平竞争]

银行业从业人员应当尊重同业人员,公平竞争,禁止商业贿赂。

第三章　银行业从业人员与客户

第十条　［熟知业务］

银行业从业人员应当加强学习，不断提高业务知识水平，熟知向客户推荐的金融产品的特性、收益、风险、法律关系、业务处理流程及风险控制框架。

第十一条　［监管规避］

银行业从业人员在业务活动中，应当树立依法合规意识，不得向客户明示或暗示诱导客户规避金融、外汇监管规定。

第十二条　［岗位职责］

银行业从业人员应当遵守业务操作指引，遵循银行岗位职责划分和风险隔离的操作规程，确保客户交易的安全，做到：

（一）不打听与自身工作无关的信息；

（二）除非经内部职责调整或经过适当批准，不为其他岗位人员代为履行职责或将本人工作委托他人代为履行；

（三）不得违反内部交易流程及岗位职责管理规定将自己保管的印章、重要凭证、交易密码和钥匙等与自身职责有关的物品或信息交与或告知其他人员。

第十三条　［信息保密］

银行业从业人员应当妥善保存客户资料及其交易信息档案。在受雇期间及离职后，均不得违反法律法规和所在机构关于客户隐私保护的规定，透露任何客户资料和交易信息。

第十四条　［利益冲突］

银行业从业人员应当坚持诚实守信、公平合理、客户利益至上的原则，正确处理业务开拓与客户利益保护之间的关系，并按照以下原则处理潜在利益冲突：

（一）在存在潜在冲突的情形下，应当向所在机构管理层主动说明利益冲突的情况，以及处理利益冲突的建议；

（二）银行业从业人员本人及其亲属购买其所在机构销售或代理的金融产品，或接受其所在机构提供的服务之时，应当明确区分所在机构利益与个人利益。不得利用本职工作的便利，以明显优于或低于普通金融消费者的条件与其所在机构进行交易。

第十五条　［内幕交易］

银行业从业人员在业务活动中应当遵守有关禁止内幕交易的规定，不得将内幕信息以明示或暗示的形式告知法律和所在机构允许范围以外的人员，不得利用内幕信息获取个人利益，也不得基于内幕信息为他人提供理财或投资方面的建议。

第十六条　［了解客户］

银行业从业人员应当履行对客户尽职调查的义务，了解客户账户开立、资金调拨的用途以及账户是否会被第三方控制使用等情况。同时，应当根据风险控制要求，了解客户的财务状况、业务状况、业务单据及客户的风险承受能力。

第十七条　[反洗钱]

银行业从业人员应当遵守反洗钱有关规定,熟知银行承担的反洗钱义务,在严守客户隐私的同时,及时按照所在机构的要求,报告大额和可疑交易。

第十八条　[礼貌服务]

银行业从业人员在接洽业务过程中,应当衣着得体、态度稳重、礼貌周到。对客户提出的合理要求尽量满足,对暂时无法满足或明显不合理的要求,应当耐心说明情况,取得理解和谅解。

第十九条　[公平对待]

银行业从业人员应当公平对待所有客户,不得因客户的国籍、肤色、民族、性别、年龄、宗教信仰、健康或残障及业务的繁简程度和金额大小等方面的差异而歧视客户。

对残障者或语言存在障碍的客户,银行业从业人员应当尽可能为其提供便利。

但根据所在机构与客户之间的契约而产生的服务方式、费率等方面的差异,不应视为歧视。

第二十条　[风险提示]

向客户推荐产品或提供服务时,银行业从业人员应当根据监管规定要求,对所推荐的产品及服务涉及的法律风险、政策风险以及市场风险等进行充分的提示,对客户提出的问题应当本着诚实信用的原则答复,不得为达成交易而隐瞒风险或进行虚假或误导性陈述,并不得向客户做出不符合有关法律法规及所在机构有关规章制度的承诺或保证。

第二十一条　[信息披露]

银行业从业人员应当明确区分其所在机构代理销售的产品和由其所在机构自担风险的产品,对所在机构代理销售的产品必须以明确的、足以让客户注意的方式向其提示被代理销售产品的名称、产品性质、产品风险和产品的最终责任承担者、本银行在本产品销售过程中的责任和义务等必要的信息。

第二十二条　[授信尽职]

银行业从业人员应当根据监管规定和所在机构风险控制的要求,对客户所在区域的信用环境、所处行业情况以及财务状况、经营状况、担保物的情况、信用记录等进行尽职调查、审查和授信后管理。

第二十三条　[协助执行]

银行业从业人员应当熟知银行承担的依法协助执行的义务,在严格保守客户隐私的同时,了解有权对客户信息进行查询、对客户资产进行冻结和扣划的国家机关,按法定程序积极协助执法机关的执法活动,不泄露执法活动信息,不协助客户隐匿、转移资产。

第二十四条　[礼物收送]

在政策法律及商业习惯允许范围内的礼物收、送,应当确保其价值不超过法规和所在机构规定允许的范围,且遵循以下原则:

(一)不得是现金、贵金属、消费卡、有价证券等违反商业习惯的礼物;

（二）礼物收、送将不会影响是否与礼物提供方建立业务联系的决定，或使礼物接收方产生交易的义务感；

（三）礼物收、送将不会使客户获得不适当的价格或服务上的优惠。

第二十五条　［娱乐及便利］

银行业从业人员邀请客户或应客户邀请进行娱乐活动或提供交通工具、旅行等其他方面的便利时应当遵循以下原则：

（一）属于政策法规允许的范围以内，并且在第三方看来，这些活动属于行业惯例；

（二）不会让接受人因此产生对交易的义务感；

（三）根据行业惯例，这些娱乐活动不显得频繁，且价值在政策法规和所在机构允许的范围以内；

（四）这些活动一旦被公开将不至于影响所在机构的声誉。

第二十六条　［客户投诉］

银行业从业人员应当耐心、礼貌、认真处理客户的投诉，并遵循以下原则：

（一）坚持客户至上、客观公正原则，不轻慢任何投诉和建议；

（二）所在机构有明确的客户投诉反馈时限，应当在反馈时限内答复客户；

（三）所在机构没有明确的投诉反馈时限，应当遵循行业惯例或口头承诺的时限向客户反馈情况；

（四）在投诉反馈时限内无法拿出意见，应当在反馈时限内告知客户现在投诉处理的情况，并提前告知下一个反馈时限。

第四章　银行业从业人员与同事

第二十七条　［尊重同事］

银行业从业人员应当尊重同事，不得因同事的国籍、肤色、民族、年龄、性别、宗教信仰、婚姻状况、身体健康或残障而进行任何形式的骚扰和侵害。禁止带有任何歧视性的语言和行为。

尊重同事的个人隐私。工作中接触到同事个人隐私的，不得擅自向他人透露。

尊重同事的工作方式和工作成果，不得不当引用、剽窃同事的工作成果，不得以任何方式予以贬低、攻击、诋毁。

第二十八条　［团结合作］

银行业从业人员在工作中应当树立理解、信任、合作的团队精神，共同创造，共同进步，分享专业知识和工作经验。

第二十九条　［互相监督］

对同事在工作中违反法律、内部规章制度的行为应当予以提示、制止，并视情况向所在机构，或行业自律组织、监管部门、司法机关报告。

第五章　银行业从业人员与所在机构

第三十条　[忠于职守]

银行业从业人员应当自觉遵守法律法规、行业自律规范和所在机构的各种规章制度,保护所在机构的商业秘密、知识产权和专有技术,自觉维护所在机构的形象和声誉。

第三十一条　[争议处理]

银行业从业人员对所在机构的纪律处分有异议时,应当按照正常渠道反映和申诉。

第三十二条　[离职交接]

银行业从业人员离职时,应当按照规定妥善交接工作,不得擅自带走所在机构的财物、工作资料和客户资源。在离职后,仍应恪守诚信,保守原所在机构的商业秘密和客户隐私。

第三十三条　[兼职]

银行业从业人员应当遵守法律法规以及所在机构有关兼职的规定。

在允许的兼职范围内,应当妥善处理兼职岗位与本职工作之间的关系,不得利用兼职岗位为本人、本职机构或利用本职为本人、兼职机构谋取不当利益。

第三十四条　[爱护机构财产]

银行业从业人员应当妥善保护和使用所在机构财产。遵守工作场所安全保障制度,保护所在机构财产,合理、有效运用所在机构财产,不得将公共财产用于个人用途,禁止以任何方式损害、浪费、侵占、挪用、滥用所在机构的财产。

第三十五条　[费用报销]

银行业从业人员在外出工作时应当节俭支出并诚实记录,不得向所在机构申报不实费用。

第三十六条　[电子设备使用]

银行业从业人员应当遵守法律法规及所在机构关于电子信息技术设备使用的规定以及有关安全规定,并做到:

(一)按照有关规定安装使用各类安全防护系统,不在电子设备上安装盗版软件和其他未经安全检测的软件;

(二)不得利用本机构的电子信息技术设备浏览不健康网页,下载不安全的、有害于本机构信息设备的软件;

(三)不得实施其他有害于本机构电子信息技术设备的行为。

第三十七条　[媒体采访]

银行业从业人员应当遵守所在机构关于接受媒体采访的规定,不擅自代表所在机构接受新闻媒体采访,或擅自代表所在机构对外发布信息。

第三十八条　[举报违法行为]

银行业从业人员对所在机构违反法律法规、行业公约的行为,有责任予以揭露,同时有权利、义务向上级机构或所在机构的监督管理部门直至国家司法机关举报。

第六章 银行业从业人员与同业人员

第三十九条 〔互相尊重〕

银行业从业人员之间应当互相尊重,不得发表贬低、诋毁、损害同业人员及同业人员所在机构声誉的言论,不得捏造、传播有关同业人员及同业人员所在机构的谣言,或对同业人员进行侮辱、恐吓和诽谤。

第四十条 〔交流合作〕

银行业从业人员之间应通过日常信息交流、参加学术研讨会、召开专题协调会、参加同业联席会议以及银行业自律组织等多种途径和方式,促进行业内信息交流与合作。

第四十一条 〔同业竞争〕

银行业从业人员应当坚持同业间公平、有序竞争原则,在业务宣传、办理业务过程中,不得使用不正当竞争手段。

第四十二条 〔商业保密与知识产权保护〕

银行业从业人员与同业人员接触时,不得泄露本机构客户信息和本机构尚未公开的财务数据、重大战略决策以及新的产品研发等重大内部信息或商业秘密。

银行业从业人员与同业人员接触时,不得以不正当手段刺探、窃取同业人员所在机构尚未公开的财务数据、重大战略决策和产品研发等重大内部信息或商业秘密。

银行业从业人员与同业人员接触时,不得窃取、侵害同业人员所在机构的知识产权和专有技术。

第七章 银行业从业人员与监管者

第四十三条 〔接受监管〕

银行业从业人员应当严格遵守法律法规,对监管机构坦诚和诚实,与监管部门建立并保持良好的关系,接受银行业监管部门的监管。

第四十四条 〔配合现场检查〕

银行业从业人员应当积极配合监管人员的现场检查工作,及时、如实、全面地提供资料信息,不得拒绝或无故推诿,不得转移、隐匿或者毁损有关证明材料。

第四十五条 〔配合非现场监管〕

银行业从业人员应当按监管部门要求的报送方式、报送内容、报送频率和保密级别报送非现场监管需要的数据和非数据信息,并建立重大事项报告制度。

银行业从业人员应当保证所提供数据、信息完整、真实、准确。

第四十六条 〔禁止贿赂及不当便利〕

银行从业人员不得向监管人员行贿或介绍贿赂,不得以任何方式向监管人员提供或许诺提供任何不当利益、便利或优惠。

第八章　附　则

第四十七条　［惩戒措施］

对违反本职业操守的银行业从业人员,所在机构应当视情况给予相应惩戒,情节严重的,应通报同业。

第四十八条　［解释机构］

本职业操守由中国银行业协会负责解释。

第四十九条　［生效日期］

本职业操守自中国银行业协会第六次会员大会审议通过之日起生效。

附录 7

诚信誓词集萃

一、上海诚信誓词

诚实守信,立身之本;人人诚信,道德日兴;社会诚信,和谐文明。

我将遵守国家的法律法规,恪守诚信的道德规范,以至诚之心,待人处世;以至诚之德,律言律行,树立和维护上海的诚信形象,建立和完善我国的诚信体系。立身先于立业,诚信伴随人生。内诚于心,外信于人!内诚于心,外信于人!

二、公证业诚信誓词

立处为公、以人为本

爱岗敬业、办证为民

尊重事实、忠于法律

拓展业务、规范服务

刻苦钻研、素质过硬

公平公正、不徇私情

同业互助、坚守诚信

恪守道德、廉洁自律

三、黑龙江海林公务员诚信誓词

海林市国家公务员向全市人民宣誓:

服从中国共产党领导,忠实践行"三个代表",忠于党,忠于人民,忠于国家,忠于海林,遵纪守法,恪尽职守,刻苦钻研,精益求精,积极工作,服务热情,注重信誉,遵守承诺,以诚信为荣,视党和政府的公信力为生命,坚决做到情为民所系,利为民所谋,权为民所用。

四、寿险职员诚信服务誓词

我郑重承诺:

做一名合格的寿险从业人员,

严守客户至上的服务准则,

诚实守信，

切实履行七大服务承诺，

竭我所能为客户提供五星服务，

让每个家庭拥享平安。

五、中国民生银行诚信誓词

我自愿成为中国民生银行的员工，

我热爱中国民生银行并向她承诺：

我热情对待客户，

我勤奋对待工作，

我友善对待同事，

我诚实对待业务，

我绝不弄虚作假，

绝不违规违纪，

绝不背弃民生银行。

六、广东省注册会计师执业宣誓誓词

我自愿申请成为中国注册会计师；

牢记社会责任，努力塑造行业良好形象；

遵守职业道德，履行注册会计师义务；

恪守独立、客观、公正原则，诚信服务；

坚持执业准则，严谨工作；

遵纪守法，严格自律，共建和谐广东；

拥护社会主义制度，维护社会经济秩序；

热爱祖国，努力为人民服务。

七、重庆涪陵窗口行业誓词

面对庄严的誓旗，我们宣誓：

积极参加构建"诚信涪陵"活动，做到爱岗敬业、诚实守信、依法经营、诚信纳税、精通业务、快捷规范、杜绝伪劣、反对欺诈、公平竞争、接受监督、树立形象、优质服务，为"加快工业化、建设大城市、全面奔小康"而努力奋斗！

八、天津"六大品牌房产中介诚信宣言"誓词

我们房地产经纪机构、房地产经纪人员在从事房地产经纪活动中遵守法律法规，遵循平

等、自愿、公平和诚实信用的原则。勤勉尽责,以向委托人提供规范、优质、高效的专业服务为宗旨,以促成合法、安全、公平的房地产交易为使命。

我们在执行代理业务时,在合法、诚信的前提下,应当维护委托人的最大权益;在执行居间业务时,公平正直,不偏袒任何一方。

我们六家房地产中介机构严格遵守国家规定的房地产中介收费标准,不谋取委托协议约定以外的非法收益,不以低价购进、高价售出等方式赚取差价,不利用虚假信息谋取中介费、服务费、看房费等费用。

我们严格遵守房地产交易资金监管规定,保障房地产交易资金安全,不压房款、不吃差价、不做收购,接受社会统一监督。

九、庐山诚信服务誓词

我们庄严地向中外游客进行诚信服务宣誓:

诚信是庐山发展的命脉,环境是庐山最大的品牌。我们把游客的满意,当作最大的幸福。我们追求安全第一,质量为先,明码标价,优质服务;决不生硬,决不自傲,决不宰客;热忱为中外朋友服务。坚持科学发展,和谐创业。努力做求新思变、开明开放、诚实守信、善谋实干的庐山人。

十、浙江金融职业学院学生诚信誓词

树立诚信理念,牢记职业操守,弘扬公民道德,践行诚信学风。

尊重他人成果,杜绝抄袭作弊,按期归还贷款,抵制单方毁约。

在学习、生活、工作中,诚实做人,信用处事,

为创建诚信校园、诚信社会而挥洒青春、奉献人生!

后 记

改革开放以来,面对社会的道德建设发展,诚信从"无序与紊乱"的社会状态,经历了由"德性治理"诚信范式、"制度治理"诚信范式到"诚信建设制度化"新范式的转变。从 2014 年中央文明委发布《关于推进诚信建设制度化的意见》到国务院发布《社会信用体系建设规划纲要(2014—2020 年)》,再到党的十九大报告对新时代推进诚信建设制度化的战略部署,诚信建设正在悄然建构起"诚信建设制度化"的最新范式。习近平总书记在党的十九大报告中指出,在全面建成小康社会决胜阶段、中国特色社会主义进入新时代的关键时期,要坚定文化自信,用中华优秀传统文化加强思想道德建设,推进诚信建设。"诚信"是构成社会主义核心价值观个人层面的价值标准之一,"诚信"教育必然成为当前和今后一段时期内各大院校思想政治教育的重要内容。

在最一般的意义上,"知"与"行"的统一构成了诚信建设的基本结构。从诚信的起源中可以看出,诚信是人们在对利益的追求中产生的,在人类为了自身的生存和发展而进行合作的过程中,人们逐渐意识到,只有坚持诚信道德,才能够彼此信任,相互之间的合作才能够长期进行下去,这就形成了人类关于诚信的意识。诚信的意识和规范构成了诚信道德的"知",在这个层面上,诚信成为协调人们之间相互利益关系的一个基本原则。然而,道德不能只停留在原则的层面上,还必须在道德实践中实现。这就要求人们在相互间的合作中体现出诚信的意识和规范,否则,就不可能真正达到调整人们相互之间利益关系的目的。这样,在实践中形成的意识和规范又在实践中得以应用,形成了诚信道德的"行",并因此而实现了诚信的基本结构的统一。

诚信文化显然是一种心灵属性与行为习惯。在现实生活中,应该尊重诚信的道德本性,也不抹杀诚信行为动机与行为效果、人品与行为的区别。再加上,时代和国情要求大学生群体成为具有较高诚信品质的群体。当然,大学生诚信教育的最佳途径就是通过构建诚信校园文化,以塑造大学生主体人格为价值目标,通过确立主体意识、发展主体能力、发挥主体价值,使诚信转化为大学生的自觉追求,内化为大学生的精神品质。

基于对大学生诚信教育的深切忧思与孜孜不倦,本教材从 2008 年以来已经进行了第四次修订,每一次修订都希望能加进新的思考以及与时代共振的元素。从早期的编写人员以及之后的修订人员,都有不同程度的替换,希望用不同的智慧把握住诚信文化的历史余绪与时代脉搏。在此,再次感谢为本教材顺利出版与再版的校外校内的专家、同行、同仁。

诚信文化还在不断丰富当中,诚信教育正在途中,这版教材的修订只是一个延续,希望带给大家更多的思考。

是为记。

2019 年 6 月